親鸞の念仏

岡亮二著

法藏館

はしがき

仏道としての親鸞思想の特徴は、「信心」にあると、一般的に考えられています。法然浄土教の「念仏往生」に対して、親鸞浄土教は「信心往生」だとされ、伝統的には、浄土真宗の根本は「信心正因・称名報恩」だと教えられています。したがって、この信心を中心とする親鸞の学びは、浄土真宗の伝統的宗学者も、新しい角度から親鸞思想を求めている教学者も、同じだといえます。ことに現代教学の樹立を目指し、西洋の哲学や心理学を通して、親鸞の教義を思索されている方々は、自ら主体をかける信の求めを重視し、また、今を生きる信心の行者として、その心のあり方が追求されています。

そこで親鸞思想に関しては、信心に対して念仏の見方が、非常に弱くなっています。このことは、「信心正因・称名報恩」という浄土真宗の根本教義そのものがそうであって、どこまでも信心が主であり、称名は従となっています。いわば信心に称名は包まれているといえます。それが現代教学になればなおさらで、親鸞思想の、信心の構造は論ぜられても、念仏の構造はほとんど論ぜられていません。

ところが親鸞思想に、信心が主で称名が従だという見方はありません。『教行信証』の「行巻」と

「信巻」が主従の関係にないことは明白です。和語聖教においても、称名が信心に対して従だといった表現は一箇所も存在しません。しかも「行巻」においては、その称名が阿弥陀仏から廻向された大行であり、往生の行業だとされているのです。行から信へということで、むしろ親鸞の念仏思想は、行が信を包むのであって、常に念仏に信心が重なっているのです。

この著はそういった意味で、「親鸞の念仏」といった視点から、念仏者である私たちの今日的課題、および親鸞の念仏思想について、最近、講演し活字になった数編を収めさせていただいています。「念仏に生きる」は、津市内の真宗三派（高田派、大谷派、本願寺派）の寺院によって設立されている、津徳本会での講演です。この三十年間ぐらいの間に、私たちの教団から、念仏の声がほとんど消えてしまいました。焼香するときでも念仏する人は希です。このような現代社会で、念仏に生かされることの重要性を考えてみました。

「なぜいま念仏か―呪縛からの開放を求めて―」は、私の還暦の時、教え子たちが集まって法話集を出版したのですが、その中で発表したものです。私たちは欲望の中で、いかに幸福な人生を得るかに懸命になっています。そのため人は、あるいは科学に呪縛され、あるいは迷信に呪縛されているのではないかと思います。その解放を念仏に求めています。

「名ばかりの僧」は、龍谷大学で、毎月十六日に勤行されている、親鸞聖人のご命日法要での法話です。末法の時代には、もはや戒律を守る僧侶は存在しません。そこで私たちの国土では、すべて名ばかりの僧になるのですが、その名ばかりの僧が、なぜ尊いのかを考えてみました。

「生きることと死ぬこと」も龍谷大学での講演です。本願寺派では、五月二十一日が親鸞聖人のご降誕会になっています。そこでの講演ですが、龍谷大学の建学の精神について考えてみました。建学の精神では、龍大生の現代に生きる生き方が問われているのですが、龍谷大学は、仏教の心、親鸞聖人のみ教えを学ぶ場でもあります。そうしますと、単なる生き方ではなくて、生死を越えるという問いが今一つなければなりません。死という面からの人生の見方を問題にしました。

「親鸞聖人の他力思想」は、武蔵野大学での日曜講演です。他力思想は親鸞聖人の根本思想の一つです。その他力思想が、世間では誤った意味で使われています。そこで真宗の教団人は、そのことに憤りを持って抗議するのですが、なぜ誤った意味に使われるようになったのかという点は、あまり重視しません。真宗教団は今日あまり盛んではないのですが、その原因が、真宗者の他力思想にあるのではないかと論じています。

「親鸞浄土教の特徴」は、仏教大学の四条センターで講演したものです。法然上人の教えは、今日、浄土宗と西山浄土宗、それに真宗によって受け継がれているのですが、その各々に解釈の違いが見られます。そこで仏教大学の総合研究所が、「法然上人の浄土教を総合的に考える」というテーマのもとに、それぞれの宗派の立場から、法然浄土教をどのように受け入れているかが、話し合われたのです。そこで私は、法然上人の念仏思想に対する親鸞聖人の念仏思想の特徴を話させていただき、両者の思想の根本的な相違は、お二人の、獲信に至るまでの過程の相違にあることを明らかにしました。

「親鸞にみる往生浄土の思想」も、先とほぼ同じような縁をいただいたものです。大正大学における、浄土宗教学院主催の浄土宗総合学術大会で、「往生浄土の理解」というテーマのもとで、浄土宗と西山浄土宗と真宗の三者によるシンポジュウムがなされました。そこでの発表が、後に論文として、『仏教文化研究』に掲載されたのです。「往生浄土」となりますと、親鸞の思想の全体がここに関わります。そこで『教行信証』全体の思想を概観し、親鸞浄土教の特徴を論じました。

その論文で、還相廻向の問題を語ることができませんでしたので、少し専門的になるのですが、日本印度学仏教学会で発表しました「親鸞の見る往相と還相の廻向」をここに加えることにしました。親鸞浄土教には、行・信・証、それぞれに特徴が見られるのですが、証果の特徴は、浄土教の証をこの世、現生に見ることです。そういった意味で、親鸞は死後をほとんど問題にしないのですが、「証巻」では、死後、浄土に往生した還相の菩薩の証果の内実を、非常に詳細に論じます。それは何を意味するのでしょうか。親鸞聖人は自分の死後を問題にしたのではなくて、すでに浄土に往生された方々が、今を生きる親鸞に、まさに還相廻向という利他行をなさっていると、捉えられたのだと思います。

最後の「親鸞の十念思想」は、私の龍谷大学での最終講義です。ここで親鸞の第十八願観を問題にしました。私が学んでいる中心課題は、親鸞聖人の念仏と信心についてです。ほぼ三十年間、この問題を考えてきたのですが、私の親鸞思想の捉え方は、従来の伝統宗学の考え方とも、また現代の真宗教学の見方とも、異なっています。そこで私の論旨は、それらの方々からよく理解されず、評価もされていないのですが、一体、どこに違いがあるのかを問うたのです。

親鸞の往生思想は他力廻向義です。私たちが弥陀の浄土に往生するための、教も行も信も証も、その一切が阿弥陀仏から廻向されるという教えです。南無阿弥陀仏も信心もすべて阿弥陀仏からいただく。そのいただくことが信心です。真宗者であればこれは常識で、誰もが知っている、親鸞聖人のみ教えです。信心正因・称名報恩であり、また信の主体性が厳しく問われるところです。

ところで、信心をこのように重視しますと、一切が弥陀の他力廻向でありながら、その弥陀の本願を、自らが信じようとする、思想構造になります。第十八願は衆生の往因願です。したがって一般的には、自分の往生する願として、その正因を自分の心で捉えようとします。これは当然のことなのですが、としますと、その捉えようとしている自分の心を、私たちはまた捜さねばならず、どうしても「信心」を計らうことになります。

親鸞が最も嫌ったのは、この計らいであり、はからいこそ、自力にほかなりません。そこで親鸞聖人は、凡夫が阿弥陀仏の本願を信じることは、難中の難であり、ほとんど不可能だとされます。煩悩具足の凡夫は、臨終の一念まで、本願を疑蓋の心で覆っているからです。だが、だからこそ阿弥陀仏は第十八願を建立し、その凡夫を救う本願力を、私たちに廻向されている。ここに親鸞聖人の第十八願観があります。とすれば、第十八願に誓われている往因は、凡夫の側から、自分の作る往因と見るべきではなくて、阿弥陀仏が凡夫を往生せしめるために成就された往因だと見なければならなくなります。阿弥陀仏の廻向を、いかにいただくかと、自分の心の問題にするのではなくて、どこまでも阿弥陀仏の側から、阿弥陀仏の本願力は、いかに衆生を摂取なさっているかと、親鸞聖人はご覧になったのです。

このように見ますと、自分の往因に関して、我が心をはからう必要は全くなくなります。私たちは所詮、煩悩具足の凡夫でしかないからです。けれどもその私が今、念仏を称えています。この念仏を称えている私に、疑蓋無雑の弥陀の大悲が輝いているのです。私はすでに弥陀の大悲に摂取されている。この法の道理は、疑いようがありません。これが仏願の生起本末を聞いて疑心有ること無しという心であり、その本願の真実功徳を聞いた瞬間が、獲信になるのです。

私は昨年の四月、非常に悪化している胃ガンが見つかり、直ちに入院し、大きな手術を受けました。手術を受ける場合、不安がないということはありえません。また手術後、一週間ほどは、一滴の水も飲めず、色々な管をつけて、苦痛に耐えながらベットに横たわっている姿は、まことに哀れで惨めです。そのような中で、手厚い看護を受け、多くの方々のお見舞いをいただき、まこと有り難く、感謝させていただいたのですが、もしその時、誰かから、主体的な信の求めを強いられ、信心を喜び、報恩の念仏を称えよ、といわれたらどうでしょうか。

不安の中に安心を作ることは不可能ですし、苦痛の中では、信心歓喜し報恩の念仏を称える心など起こりません。だが、念仏を称える。その念仏に阿弥陀仏の大悲を見ることは可能です。摂取の光明が、この自分を抱いてくださっている。その縁に出遇っている自分を喜ぶことはできます。その時、自分の心の状態を全く問題にしなくてもよいのですから、これほど気楽なことはありません。親鸞聖人の導きによって、肩肘を張らず、ただ念仏に遊ぶ世界に出遇いえたことは、まことに大きな喜びであったといえます。
本書は、薗田香融氏をとおして法藏館から出版させていただきました。ご快諾くださった社長の西村七兵衛様、編集・校正の一切にご尽力いただいた和田真雄様に、深く感謝し、心から御礼申し上げます。

二〇〇五年九月一五日

岡　亮二

親鸞の念仏　目次

はしがき

Ⅱ　親鸞の念仏思想

親鸞の念仏

Ⅰ　念仏に生きる

念仏に生きる

念仏と信心

親鸞におきては、ただ念仏して、弥陀にたすけられまひらすべしと、よきひとのおほせをかふりて信ずるほかに、別の子細なきなり。（『歎異抄』第二条、真聖全二、七七四頁）

私は龍谷大学で真宗学という学問を学んでいるのですが、ことに親鸞聖人の「念仏と信心」の思想を中心的に求めています。そこで、念仏と信心の問題を皆さまとご一緒に考えてみたいと思います。私たちの仏教は、真宗とか浄土真宗と呼ばれていますが、この呼び方は浄土宗の方がたから批判される場合が間々あります。なぜお前たちは自分の宗派を浄土真宗、つまり「浄土の真宗」というのかというのです。ところが親鸞聖人は、法然上人の教えに対して、自分が求めている仏教を「浄土真宗」といったのではないのですね。そうではなくて、法然上人が明らかにされた仏教を、浄土真宗とおっしゃられたのです。法然上人の教えが、浄土の真宗の教えだといわれているのです。その法然上人が明らかにされた浄土真宗という仏教を、親鸞聖人がまさしく受け継がれていることになるのです。では法然上人、そして親鸞聖人は、私たちにどのような仏教を教えられているのでしょうか。最初に『歎異抄』を拝読しましたが、ここでは「ただ念仏して弥陀にたすけられよ」と述べられています。私たちお互いは、ただ念仏して弥陀にたすけられる、ということに尽きるのです。そうしますと、浄土教という仏教の唯一の仏道が、ただ念仏するということになり、法然上人によって確立された日本浄土教は、「念仏」という行為によって統一されるといえます。私たちが仏になる道は、念仏以外には存在しないのです。ここで浄土教は「念仏」のみということになるのですが、このようにいいますと、浄土真宗の方から、必ず反論されることになります。念仏よりも信心ではないか、という反論ですね。

これはまさしくそのとおりであって、親鸞聖人は、涅槃に至る真実の因はただ信心である、とおっしゃられていますから、浄土真宗において「信心」が最も大切であるという一点は、やはり動かすことはできないといえます。けれども信心が重要だということで、もし「信心」でもって教団を統一しようとすればどうでしょうか。はたして教団が統一されるかどうか、非常に問題になります。たとえば皆さま方がいま私の話を通して、浄土真宗の信心を味わわれているとします。そこで私が尋ねることになります。あなたが信じているその信心の内容をお話しください。これをアンケートにして返事をいただくと、おそらく答えは全部違うと思います。今日、法然浄土教は浄土真宗のほかに、西山派の浄土宗と知恩院派の浄土宗と、大きく三つの流れがありますが、この流れは何によって変わっているかといいますと、念仏をどのように信じるかということで変わるのです。私は西本願寺派なのですが、私たちの教団では今日でも江戸時代の教学が生きています。そして教学に関して、いくつかの学派に分かれるのですが、その原因もまた、念仏に対する信じ方の違いです。そこで「信心」で教団を統一しようとすれば、教団そのものが、それこそ、バラバラになってしまいます。

親鸞聖人は、一切の諸仏は阿弥陀仏の教えを説くために世にお生まれになる、とおっしゃられています。だからこそ釈尊もまた阿弥陀仏の教え、念仏の法を説くためにこの世で「仏」になられたのであり、その『無量寿経』という経典の終わりで、釈迦仏の次に仏になる弥勒菩薩に、「一声」の念仏の真実を付属されているのです。なぜ念仏なのか。阿弥陀仏は本願に、本願を信じ、念仏を喜ぶ一切の衆生を仏にすると誓われているからで、この念仏の素晴らしさに勝る仏法は、ほかに存在しません。だからこそ釈尊は弥勒菩薩に念仏の真実を伝えられたのです。曇鸞大師も、共に弥陀の浄土に往生できるのは、同一に念仏しているからだとおっしゃいます。そういった意味で、私たちの浄土真宗の教えの中心は「念仏」である、といえるのではないかと思います。

念仏の声が出ない

ここで私が何を問題にしているかということですが、その浄土教で最も大切な念仏の声が、昨今、私たちの口から出なくなっている。念仏が出ない、その点を考えてみたいのです。皆さまの記憶を過去に戻してほしいのですが、私と同年代の方が多いと思いますが、今から六十年ほど前、これは終戦の少し前になるのですが、六十年前というと、私たちのお祖父さんやお祖母さんが健在であったころです。そのころは、本堂にお参りする人びとには、念仏の声がありました。本堂では南無阿弥陀仏、南無阿弥陀仏という声が盛んであったといえるのではないでしょうか。

では三十年ほど前はどうでしょうか。これは私たちの父母が、ちょうど六十歳のころということになるのですが、そのときでも、本堂には念仏の声があったように思われます。門徒の方が本堂にお参りされますと、やはり南無阿弥陀仏、南無阿弥陀仏という声が出ていました。ところで現在ですが、儀式としては念仏を称えるのですが、このような場では、なかなか念仏の声が出ません。私の寺は和歌山なのですが、ご法事のとき、お焼香をするときでも、ほとんど念仏は唱えられません。合掌して念仏を唱えるという習慣がなくなってしまっている。これはなぜか。ここに大きな問題があるように思います。

この一つの原因は、私たちが受けた教育にあるといえます。私たちが小さいころから受けている教育は、近代化されたヨーロッパ的な考え方になっています。その西洋的な考え方がいつから始まったかといいますと、これは明治の半ばごろからです。だからいま百歳の方は、大正時代に青春期を送っていることになりますから、百歳の方がすでに近代教育を受けている。そうしますと、今日の日本人の全体が、近代教育を受けていることになるのですね。ではその近代教育で私たちは何を学んだのでしょうか。理性的・合理的なものの考え方だといえます。したがって、理性的に判断して、とても真実だと思えないようなことは、信じえないと排除されることになります。

ところで浄土教では、西方に阿弥陀仏の極楽浄土があると教えます。すると、「ええっ」ということになりますね。「南無阿弥陀仏」と念仏を唱えると、死後、その極楽に生まれるのですよ、と説教しますと、「何を言っているか」ということになりかねません。このような理性的な判断が強くなればなるほど、念仏はなかなか口から出てこない。意識して、いま念仏を称えねばならないと、サインを送りますと念仏は称えられますが、生活全体の中で、無意識的に常に念仏を喜ぶという生き方は、今日ではほとんど不可能になっている。これが念仏の声がなくなっている、一つの大きな原因だと思われます。

念仏よりも信心に

いま一つの原因は、その近代の思想の流れを受けまして、それに応えようとしている、今日の浄土真宗の教えに見られるといえます。近代化された教学ということですが、ここでは念仏義があまり語られなくて、教えの中心はどこまでも「信心」になります。念仏についてはほとんど話されなくて、真実信心のことばかりが説教されるのです。「信心」が語られるということは、私たちの「心」が問題になるのです。そして心が問題になれば、その教学はどうしても人間的な生き方が中心課題になります。この世をいかによく生きるか。信心を通していかに自分の心を清らかにするか、信心によってこそ同朋の心は成り立つのであって、信心による純粋な生き方とは何か。阿弥陀仏と私の関係をこのように信心の中でのみ問いますと、このような諭しであれば、現代人でもよく理解することができます。信心を中心に現代を生きる。そのような教義が盛んになれば、当然、念仏の喜びはだんだんになくなってきます。ここに念仏の声を消しているいま一つの姿があるように思われます。

これらの原因に加えて、浄土真宗の現代教学に対する、伝統教学のあり方にも問題があるように思います。伝統教学は蓮如上人の教えの流れを汲むことになるのですが、ここでは「信心正因・称名報恩」の義が、ことのほか重視されます。このことが現代人には、まことに理解し難いのです。たとえば「報恩」ということですが、これは恩を知らなければ、報いるという行為は成り立たないのです。よく引かれる例ですが、子どもに対して親の恩を知れといっても、「あほか」といわれるのがせいぜいで、子どもはその言葉を受け付けません。子どもには親の恩が分からないからです。ところが三十歳になり、四十歳になりますと、自分が子どもを育てることになる。そこではじめて親の恩が分かることになるのですね。親の恩が分かれば、報恩の心は簡単に成り立ちます。そこでは自然に、親はこのようにしてくれたのだと、報恩の気持ちを抱くことができるのですが、ただ押しつけられたのみでは、親の恩はとても子の心には伝わらないのです。

とすると、報恩の念仏を称えよといわれるのですが、では私たちは、阿弥陀仏のご恩が本当に分かっているかということになります。私たちは聴聞の中で、繰り返し繰り返し、阿弥陀仏のご恩を受けていると聞かされるのですが、念仏を称えて、はたして阿弥陀仏のご恩が実感できるかと問われれば、実際的には、何らご恩は感じていないのではないでしょうか。このようにみれば、報恩の念仏を称えよといわれても、恩を知りえなければ、報恩の念仏は称えられなくなります。

それに「信心正因」ということが、また解らないのです。信心が正因であるとして、その正しい信心が、いつ、私の心に生じるのでしょうか。この心の自覚は、禅宗のお坊さんであれば、割合に簡単だといえます。なぜなら禅宗では、老僧と小僧との間で禅教育が行われますが、老僧はすでに「さとり」を開いているのですね。したがって、禅の行道は、さとりを開いた者が、まだその心に達していない小僧の心を導くことになります。だから印可が成り立つのです。行道の中で、師の老僧が小僧に対して、「よし」と印可を与える。それによって小僧は、正しい心を得たことを知るのです。

ところが真宗では、行道において、老僧と小僧の関係は成り立ちません。お互いが愚かな凡夫だからです。愚かな凡夫が他人の心など解るはずはありません。真宗においても、あの人は信心をいただいていると、いわれる場合があるのですが、こちらが凡夫の場合、そのような人の心を見抜けるはずはないのです。禅宗のような老僧と小僧の関係は、真宗には存在しない。たとえば先生と弟子、あるいは住職と門徒の間で、あなたはすでに信心をいただいている、といえる人はだれもいないのですね。としますと、信心をいただいたかどうかの判断は、自分自身でしなければならないということになります。ところがその自分こそが凡夫なのですから、その判断がまた成立しなくなるのです。俺は信心を得たと、いかに力んでも、その力みそのものが間違いであるかもしれないのです。「信心正因」といわれて、その信心を自覚することは非常に難しい。まして「称名報恩」という、報恩の念仏を称えることは、さらに難しいといえるのです。

このように見ますと、現代社会において、近代化された教育に育てられた者は、素直に念仏が称えられなくなっている。加えて浄土真宗の現代教学は、信心を中心とした教学であって、教学そのものが念仏の声を消している。さらに伝統教学では、教えそのものが観念化されて心に響かず、教義の意味が現代人の感覚とズレてしまって、その教えからもまた念仏の声が出ないといえるのです。現代の私たちは、喜んで念仏を称える状況には置かれていない。その私たちにとって、なぜいま念仏が必要か。浄土真宗にとって、なぜ念仏が最も重要なのかを、もう一度、根本的に問い直さなければならないのではないかと、私は思うのです。

幸福な人生と仏教

ここで「生きる」という一点を問うてみたいと思います。「人間として今をいかに生きるか」という一点を、真剣に問うことになるのですが、この「生きる」ということを問題にしたとき、私たちは通常、三点に注意の目を向けます。一は心の安らぎです。二は正しい生活です。そして三が幸福な人生です。この三点がかなえられれば、それこそ素晴らしい人生だといえるのではないでしょうか。心がいつも安らかであり、正しい人間生活が営まれており、しかもその中で、楽しく豊かで幸福な人生が過ごせる。これに勝る人生はありませんから、この三つを願わない人は、おそらくいないと思われます。ではこの三つの願いを実現させるために、どのような方法があるか。まず第三の幸福な人生について考えてみます。ここではどうしても「科学」が人生に関わってきます。現代において、豊かで明るく、便利で楽しい生き方を願うとすれば、科学を除いては考えられないからです。

百年前、五十年前、そして現在へと続いている私たちの生活を見てみますと、明らかに科学の発達につれて、生活が明るく便利で豊かになっています。今日、科学の恩恵に浴さない人は、日本にはいないと考えられます。このように、科学は確かに、人間生活をおおいに豊かにし、幸福な道を与えているといえるのですが、けれども、逆な目から見ますと、科学がまた、人間を不幸にしているといえなくはありません。科学的な生き方を学び、科学的な生き方を選んだがゆえに、とんでもない不幸に陥る場合も、間々あるからです。科学的な生き方が重視されれば、当然、宗教的な生き方は軽視されることになるのですが、その科学によって不幸な人生を招いたとすれば、ここでは俄然、科学が捨てられ、宗教が求められることになるのですね。では、それはどのような宗教なのでしょうか。ここでは幸福を得るための宗教ですから、人がここで求める宗教は、必然的に現世利益を説く宗教になります。人は科学によって幸福を求め、それが駄目なら、宗教によって幸福を求める。それが今日の、私たちが求めている心になるのではないかと思います。

ところが仏教は、このような人生の幸福観をとらないのです。お釈迦さまが最初にお説きになられたように、私たち人間は、老いと病と死を免れることはできない。この一点を見つめるのが仏教だからです。私たちが願う幸福とは、だれでも例外はないといえるのですが、若さを保つことであり、健康に毎日が送られ、欲望を満たす楽しい生活ができることだといえます。そのような幸福を科学の恩恵によって実現させようと努力し、それが駄目なら、宗教の力を借りてでも、ということになるのです。だが仏教では、その願いこそが迷いだと教えているのです。人はどのように若さを保とうとしても、やがては老いる。その老いの姿を除いて人生はない。健康であることを願っても、やはり病むことを除いた人生もありえません。そして一人ひとりは最後に、まさしく惨めに死んでしまう。その死を除いて我が人生がないとすれば、人は幸福を求めて、お互い必ず不幸になる、それが偽らざる自分の姿だということになります。

第二の正しい生活はどうでしょうか。私たちの社会には法律があり、倫理・道徳が教えられている。世界中どの国も、自分の国こそが正義だと主張し、悪が厳しく排除されているといえます。表面的には、各々は善人のような顔をしているのですね。ところがその社会に悪が横溢しています。善を望まない人はいないのに、お互い、悪の中で顔を突き合わせている。そのような社会しか人間はつくれないというべきかもしれません。とすれば第一の心の安らぎですが、この人間社会に、本当の意味での、心の安らぎを得る場など存在しないということになります。人びとは安らぎのある人生を求めながら、一日一日の生活に安らぐ心がない、それが人間の姿です。としますと、心の安らぎと、正しい生活と、幸福な人生という三点を実現させるという教えは、教えそのものに無理があることになります。したがって、ある宗教があって、我が教えに従えば、このような三点が実現できる、と説いているとすれば、これはやはりおかしな宗教、ということになるのではないかと思います。ここで親鸞聖人の教えが問題になります。

まず第一の、心の安らかさについてですが、凡夫の心は常に煩悩が渦巻いており、臨終の瞬間まで、安らかな心は起こりえないとおっしゃっています。親鸞聖人の教えでは、私たち凡夫は安らかな心など作りえない、ということになるのですが、ただし、そのような実際に感覚の中で味わう、安らぎの心を問題にしなくても、現生において、それを超える喜びの心は得られると説かれます。これは「安らぎ」を、心のある感情的な状態として捉えるのではなくて、より根源的な、自らの全人格の全体を支える教えとの出遇い、として見られることになるのですが、では、それはどのような教えなのでしょうか。

第二番目は、親鸞聖人の教えでは「悪人正機」の問題と重なり、親鸞聖人の一つの中心思想になります。凡夫である自分自身の本質を見極めるならば、悪でしかないという教えですが、ここでまことに興味深い話があります。戦前のずいぶん前の調査らしいのですが、日本で犯罪の少ない地方はどこかという調査が行われた。そのとき、浄土真宗の教えの盛んな地方であるという結果報告がなされたというのです。これはまことに面白いと思います。浄土真宗では人びとに、自分の姿をどのように教えているか。それは悪人だと教えているのですね。その悪人の集まる社会において犯罪がない。では浄土真宗の社会で、自分が悪人だと教えられて、人はなぜ悪を犯さないのか。私たちは社会の中で生活するためには、いろいろなことに我慢しなければなりません。ところでこの愚かな私が、ここで生活できるのは、人びとはこの私を我慢している。私が我慢している自分を見るのではなくて、我慢されている自分を見ることになるのです。自分の姿の至らなさが解ることによって、互いが他を讃える。私のために、あの人が働いている、相手に対するそのような思いを、もし浄土真宗の人びとがもっているとすれば、そのような中では、悪の犯しようがなくなるのです。

さらに言えば、阿弥陀仏はいかなる衆生もお救いになります。どのような悪人も阿弥陀仏によって救われる。したがって私たちは、阿弥陀仏の前では、何ら構える必要はないのです。別に善人ぶらなくても、そのままの姿で、全て阿弥陀仏に甘えてしまえばよいのです。その意味で、私たちは何をしても、全て阿弥陀仏の手の中にある。常に阿弥陀仏の大悲心の中で生かされているのです。ということは、私はどこにいても、いついかなる場合も、その一切が阿弥陀さまに見られている。そのような中で生活していることになります。たとえば、浄土真宗では本堂で寝そべっても、別に構いません。なぜなら私たちは阿弥陀仏に本当に甘えることができるからで、本堂は自分にとって、本当に安らぎの場になっている。けれども本堂では絶対に悪は行えない。阿弥陀さまがご覧になっているからです。人が見ている前では悪は行えないものです。だれも見ていないからごまかすのです。浄土真宗では、正しい生活を行えという規定は何もない。むしろ善をなしえないと教えられながら、しかも阿弥陀仏の大悲に生かされている自分を知ることによって、お互い、悪を犯さない社会をつくっていることになるのです。

では第三の幸福な人生に関してはどうか。人の終焉は全て惨めだとすれば、人間は不幸になる以外はないといわねばなりません。けれどもたとえ、どのような不幸がきたとしても、浄土真宗の教えの特徴は、その心に無限の喜びが見いだされるということです。ここで現代人の臨終の姿を考えてみることにします。現代は医学が発達していますから、重い病でも、どんどん治ります。けれどもどのように命が延びたとしても、やはり臨終はきます。そのとき、人はどのような心になるのでしょうか。科学の発達によって、今までにない生の楽しみを私たちは味わっています。生きるための楽しみを、人はいかにして得ることができるか、これに対する教えは山のようにあるといえます。老いても楽しく、病んでも楽しく、さらに、死も心配せず楽しく迎えられるように、そのような教えは山積みされている。けれども実際問題として、老・病・死は、やはり苦しいといわねばなりません。

その意味で、現代人の一つの悲劇が臨終に見られることになります。もちろん従来も、その人にとっての最大の悲劇は臨終にあったのですが、現代ではそれがさらに倍加されている。なぜなら現代人は、楽しみの頂点で、この悲劇に出会うことになるからです。心にこの悲劇を受け入れる用意がまだされていない。それゆえに、苦悩と怖さが同時に激しく襲うことになります。そこで現代の医療の場で、ホスピスとかビハーラの活動が行われる。臨終を迎え、動転する心をいかに和らげるか。多くの人びとが懸命に、亡くなっていくその人の心を支える、そのような治療法が行われることになります。

ここで浄土真宗の信者の臨終の姿が問題になります。百年前、二百年前、信者はどのように臨終を迎えられたのか。ここで妙好人の例を見ることができます。ある妙好人がいま亡くなろうとしている。と、多くの仲間が集まってくる。そこで皆が別れを悲しむことになるのですが、そのとき、別れを悲しんでいる仲間に対して、死んでいく妙好人が、静かに語る。共に念仏を喜んで生かされよ、と説教されることになるのです。全く逆なのです。臨終を迎えるものが、元気な人びとによって支えられるのではなくて、死にゆく人が、別れに集まった人びとの心を癒そうとしている。浄土真宗の信仰は、死において、自らの念仏の慶びを残された人びとに伝え、悲しむその人びとの心を慰めている。自分の最悪の場である臨終で、ただ他のために仏法を伝えるという大乗菩薩道が、まさに凡夫である念仏者によって実践されているのです。

私たちはどうすれば、本当にこの世を生きることができるか。真の意味で、永遠の世界と自分が関わりをもつこと、その無限に大きい世界の中で、自分が永遠に喜びをもって生かされる。そのような心をもつことができたとき、私たちははじめて、実際的に味わう心の安らぎとは関係なく、たとえどのような悲惨な人生に出会ったとしても、その中で自分自身、念仏を喜び、自らの輝く命の尊さを誇ることが、できるようになるのではないでしょうか。なぜ私たちにとって念仏が必要なのか。念仏によってのみ、仏によって永遠に生かされる、自分の心の無限の尊さを知りうるからです。この意味で、念仏のこの世における重要性を、いま一度、念仏の世界そのものから問い直すことが必要になるのです。

『顕浄土真実教行証文類』

ここで、では浄土真宗の教えとは何かが問われることになります。「浄土真宗」という仏教は、親鸞聖人によって明らかにされた仏教の真理なのですが、この真理が、親鸞聖人の主著である『顕浄土真実教行証文類』、一般的には『教行信証』と呼ばれている書物の中で説かれています。ところで、この著によって明かそうとしている親鸞思想の特徴が、実は、題名そのものの中からうかがい知ることができます。この題名は、「浄土真実の教行証を顕す書物」という意味です。ここで「教・行・証」とは何かが問題になります。「教」とは、お釈迦さまの教えです。では、お釈迦さまの教えとは何か。それは、私たち迷える全てのものを仏にするという教えです。その教えが八万四千あるといわれますが、なぜそんなにたくさんの教えがあるのか。それは、お釈迦さまは、その人のために教えを説かれたからです。その人のためとは、私たち一人ひとりは、それぞれ違う心をもっています。したがって、求めているものが全て違うのです。そこで教えもまた異なってしまう。賢い人には賢い人に適う教えが、幼い子どもにはその子のために、大学生には大学生向きの教えとなる。それぞれに適う教えを説かれるがゆえに、その教えが、それぞれの人びとの心に響くのです。とすれば、教えは当然異なりますし、種類が多くなります。

さて、ここで問題が生じます。お釈迦さまがご在世のときは、お釈迦さまから教えを聞くだけでよいのです。お釈迦さまは、その人のために教えを説かれているのですから、人はその教えを信じ、教えに従って、一心に行道を励めばよい。教えのとおり行をすれば、必ず証を得る。仏になることができるのですね。ところで聞き方を間違えば、いかに一心に行を励んでも仏になることはできません。となりますと、お釈迦さまがお亡くなりになると、どうなるのでしょうか。八万四千の教えが遺ります。仏弟子たちは、その教えの中から、自分に適った教え、自分がそのごとく信じ、行じることのできる教えを選ばねばならなくなります。教えのごとく行じることができれば、その仏弟子は仏果に至ることができますが、もし教えのごとく行ぜられなければ、いかにその教えが優れているとしても、その教えはその人にとって無意味になってしまいます。「教・行・証」、これが仏教の全てですが、それゆえに、その教行証が、人それぞれによって異なってくるのです。

ここで仏教に二つの大きな流れができることになります。仏弟子であるかぎり、だれでも仏になることを願うのですが、一つは、いまこの世で仏になりたいと願うグループです。これは私たちにとって、当然の願いなのですが、その願いが実現するためには、よほどの努力をしなければなりません。しかも能力と体力が秀でていなければ、とても無理です。そこでこの仏教は、聖者の仏教、聖道門と呼ばれるのです。聖道門の仏教は尊いのですが、実際的には、ほとんどの人にとって実践不可能な仏教だといわねばなりません。ことに無仏の時代では無理で、その証拠に、今日まで釈尊以外、だれもこの世で仏果を得ていません。そこで、いま一つの仏教が求められることになります。現在仏がまします。次の世、その浄土に生まれて仏になるという道です。お釈迦さまは、その現在仏の、最も尊く勝れた仏さまとして、阿弥陀仏をお選びになり、この仏の浄土に生まれよと教えられるのですが、これがいま一つの仏道で、浄土門と呼ばれる浄土教が、ここに示されることになります。

このように見ると、浄土教はこの世で仏になることができない、いわば落第生のための仏教ということになるのですが、けれどもこの仏教しか、私にとって仏になる道はないとすれば、やはりこの仏教が私にとっての最高の仏教ということになります。その最高の仏教を、親鸞聖人が『教行信証』で明らかにしているのです。ではこの著で、親鸞聖人はどのような仏教を説こうとしたのか。

親鸞聖人の「教・行・証」

親鸞聖人は、この書の題名で、「浄土真実の教行証」といわれます。とすれば、この書はまず、聖道の教行証を説く書物ではないということになります。加えて、「浄土真実」といわれるのです。「真実」とは「方便」に対する言葉ですから、そこでこの著は、浄土方便の教行証を明かそうとしている書物でもない。聖道の教行証でも、浄土方便の教行証でもない浄土真実の教行証を、親鸞聖人はここで明かそうとしている。ではこの教えは、先の二つの教え、聖道と浄土方便の教行証と、どのように違うことになるのでしょうか。聖道と浄土の教えの違いは、いま言いましたように、この世で仏になるか、次の世で仏になるかの違いになります。では浄土方便と浄土真実の違いはどこにあるのでしょうか。親鸞聖人は法然上人に出遇われて、「浄土真宗」という真実の浄土教が、親鸞聖人の心に開かれました。としますと、法然上人に出会う以前の、比叡山時代の浄土教が、浄土方便の浄土教ということになります。

お聞きになったことがあると思うのですが、親鸞聖人に「三願転入」と呼ばれている思想があります。親鸞聖人自身の言葉なのですが、親鸞聖人は比叡山時代、聖道門の行道を捨て、まず第十九願に説かれる浄土門の念仏行を行じた。けれども、この行で結果が得られず、次に第二十願の念仏行を行じたが最終的に失敗し、最後に法然上人に出遇うことによって、第十八願に転入することができたというのです。としますと、浄土方便の教行証というのは、第十九願と第二十願に説かれている「教行証」ということになります。では、その教行証と第十八願の教行証とに、どのような違いがあるのでしょうか。

親鸞聖人は第十九願の行道を「双樹林下往生」と呼んでいます。双樹林とは「娑羅双樹」のことで、釈尊がお亡くなりになられた場所の、林の名です。釈尊は「さら」と呼ばれる樹の下で涅槃に入られたのですね。それでこの往生行は、その釈尊のお心を理想の境地として、往生を願う行道ということになりますから、この行道は聖道門の教行証と、ある意味で重なります。親鸞聖人は最初、聖道の教行証を求め、その行道が破れて、浄土の教行証を願っているのです。では、なぜ浄土を願うようになったのか。聖道の教行証では、いかに懸命に努力しても、この世では絶対に仏にはなれない。その挫折感が、親鸞聖人をして浄土を願わしめている。そこで、このときの求道者の気持ちを考えればよいと思います。聖道の一心の行道が破れた者にとって、次に抱く心とは何かということです。

自分の力では、この世で仏になることはできない。それゆえに自分は、阿弥陀仏の本願力によって、次の世、阿弥陀仏の浄土に生まれて仏になる道を選ぶ。だから阿弥陀仏よ、自分は一心に往生のための行に励み、心を清浄にしますから、臨終に必ず往生させてください。聖道門の仏道が破れた者は、必然的に、このような心を次に抱くことになるのではないでしょうか。人間とは困ったもので、自分の力では仏になれないから、阿弥陀仏の本願力に頼むことになる。阿弥陀仏を選ぶのです。選ぶのですが、ここで自分自身の力がまったく否定されたのではないのです。だれでも、まだ自分は仏道を行じる可能性があると思っているのです。そこで自分の力にプラスして、阿弥陀仏の力を借りようとする。自分は一生懸命に仏道に励むから、この行の後押しをしてほしいと、阿弥陀仏の願力を一心に願うのです。聖道門の仏道で最も大切なことは、心を清浄にすることです。「さとる」とは、心が清浄になることなのですね。その完全な清浄性は不可能なのですが、せめて浄土に生まれるための真実清浄の心をつくろうとする。衆生がそのような往生行を求めますので、阿弥陀仏が本願に、まずそのような往生行を誓われることになる。浄土を願い、一心に念仏を行じ、心を清浄にせよ。臨終に仏は必ずその念仏者を迎えに行く。そのように第十九願に誓われるのです。そこで往生を願う者は、一生懸命に念仏を称えて心を鎮める。阿弥陀仏が見えるような、清浄なる心になろうとする。これが第十九願の念仏者の仏道になります。

けれども、このような念仏行は、聖道の行者ならいざ知らず、浄土を願う凡夫にはもともと不可能というべきなのですね。では凡夫は、どのような念仏を行ずればよいのでしょうか。凡夫には能力の差がいろいろあります。『観無量寿経』では、この凡夫の能力を、上の上から下の下まで、九種類に分けています。最上が上品上生で、この往生人は念仏を称えながら、至誠心・深心・廻向発願心という、真実清浄の心をつくって往生を願うことになります。最も下が下品下生で、この者の日常は、悪ばかりを積んでいるのですが、臨終において、善知識の勧めにより、浄土に生まれたいとの真実心を起こし、ただひたすら念仏を称えて、往生を願う。これが第十九願に誓われている念仏行だと見ることができます。

人はどうしても自分に能力ありと自惚れていますから、最初は上品上生の念仏を行じます。だが自分の心にはなかなか、至誠心・深心・廻向発願心という真実心はつくれません。そこで自分の能力の程度を少しずつ下げ、最後に自分を下品下生にまで落とすことになるのですが、さてそれで、臨終に念仏を称えて、はたして、真実清浄の心になるかと問うとすれば、ここに大きな疑問が生じる。一声でもよい、真実清浄の心で念仏を称えよと求められると、結局、その一声の念仏が称えられないのではないかという疑問です。親鸞聖人は聖道門を捨て浄土門に入ったのですが、そこでまず最初に選んだ念仏行が、親鸞聖人のうえで成立しなくなったのです。いかに一心に念仏を称えても、自分の心は常に毒を混じえており、清らかな心はどうしてもつくりえない。ここに親鸞聖人は、第十九願の念仏行を一心に行じて、かえって逆に、大きな苦悩を心に抱くようになるのです。

第十九願から第二十願へ

第十九願の念仏行が行ぜられない。では第十九願の念仏が破れると、どうなるのか。この場合は割合簡単に、次の念仏道が開かれることになります。念仏を称えても真実清浄の心にならない。だがこの行が駄目になっても、人間にはもう一つ別の心が残っているからです。それは仏の大悲に、必死にすがりつこうとする心、この私をどうか助けてくださいと、ただ一心に願い求める心なのですね。自分にはもはや、いかなる仏道をも行じる力は残っていないのですが、けれどもまだ、阿弥陀仏の本願にしがみつく、一心に助けを求める心は残っている。これが第二十願の救いになります。第十九願では往生の因として、清浄なる心が求められるのですが、この心は凡夫にはつくれない。けれども、たとえ心が乱れているとしても、私たちは煩悩に狂わされて、心は常に動揺しているのですが、それでも、いや、だからこそ、一心に、必死に救いを求めることになるのです。

この心は人間が最終的にたどり着く場だといえるのではないでしょうか。心が顛倒し、苦悩に苛まれ、まさしくどうしようもなくなったとき、その最後の場に、第二十願の念仏が開かれることになります。ではこの念仏で、最も大切なことは何でしょうか。いま私たちは阿弥陀仏に救いを求めているのですね。としますと、阿弥陀仏の本願力、その大悲心を疑いなく信じる、救われることを絶対に信じる心が、まずここで確立していなければなりません。阿弥陀仏を信じる心が確かであって、はじめて一心の救いの求めが成り立つからです。そこで第二十願では、救いを求め往生を願って、一心に称名念仏を称えるのですが、そのためには阿弥陀仏を信じる確固不動の信が、私の心にできていなければならない。その一心の信をもって、ただひたすらに往生を願い念仏を称える、これが第二十願の往生行になります。

阿弥陀仏を一心に信じ、念仏を称えて往生を願う。このような心は、究極の場では必然的に生まれるといえるかもしれません。ところがどうでしょうか。第二十願の念仏を一心に称え続けるとします。十日経ち、二十日経ちますと、心はだんだん鎮まってきます。心が冷静になってくる。そのような中で、称えている念仏をいま一度、問うてみます。いったい自分はどうして念仏を称えているのか。もちろん、阿弥陀仏に救いを求めて念仏を称えている。ではその阿弥陀仏とは、いかなる仏か。西方にましまし、一切の衆生を救うために、念仏する衆生を摂取するという本願を建立された仏さまです。その阿弥陀仏を信じて、自分は今、一心に念仏を称えている、ということになります。ところがここでふと、西方にまします阿弥陀仏に疑問が横切ります。この教えは本当に信じられるのか。念仏を称えるだけで往生するなど、ありえるだろうか。西方の浄土とは何か。このように一度疑問が生じますと、次から次に疑問が広がります。第二十願の念仏は、阿弥陀仏を信じることが全てですから、もしこの信心が揺らぎますと、第二十願の念仏そのものが成り立たなくなるといわねばなりません。

親鸞聖人は、最終的にこの第二十願の念仏に至り着いたのですが、ところがここでも、その究極になって、その信そのものが崩れてしまったのです。真実、阿弥陀仏を信じることができれば、一声の念仏によって阿弥陀仏の浄土に生まれることになります。けれども信じられなければ、その一声の念仏が出ない。ここに最後になって、第二十願の念仏に破れた親鸞聖人の姿があるのです。かくて、いかなる仏道もなしえなくなった親鸞聖人が、ここに佇むことになります。親鸞聖人にとって、ここで仏道が終わりになるのです。なぜなら比叡山における仏道は、悟りに至るために、三つの道しか存在していなかったからです。一つは聖道門の仏道です。この世で悟りを得る仏道ですが、この道は最初から成り立たなかった。そこで浄土門が選ばれます。ここに二つの道が存在した。一は、念仏行によって心を清らかにし往生する道であり、二は、阿弥陀仏を信じ念仏を称えて往生を願う道です。この三つの仏道の全てが、親鸞聖人の中で完全に崩れ去ったのです。このときの親鸞聖人のお心には、真実になる可能性は何もなくて、ただ迷い苦しむのみ、まさに絶望としか言いようのない心になっていたのです。これが六角堂に百日籠られたときの、親鸞聖人のお姿です。

その九十五日目の暁、親鸞聖人は法然上人のもとに行けという、聖徳太子の夢のお告げを聞くのです。そこで親鸞聖人は法然上人を訪ねることになるのですが、このとき、法然上人が親鸞聖人に何を語られたかが、非常に重要になります。もしここで、法然上人が悩める親鸞聖人に向かって、何か、ほんの少しでも、仏道としての求道を求められたとしたら、両者の関係は、その瞬間に断ち切られることになると言わねばなりません。なぜなら今の親鸞聖人は、一切の求道に破れて、身も心も完全に打ち砕かれた状態に陥っているからです。行に迷い信の惑うて、行じることも信じることも何一つできない。その親鸞聖人に対して法然上人が、なぜあなたは阿弥陀仏を信じることができないのか。その疑惑を捨てよ。自力心を捨て、阿弥陀仏に全てをまかせて、ただ念仏すればよい。この簡単なことがなぜできないのか。このように念仏の称え方や信じ方を、もし求められていたら、親鸞聖人は直ちに、法然上人から逃げるしか道はなかったことになります。

ここで、先ほど拝読した『歎異抄』の「ただ念仏して弥陀にたすけられよ」とお教えになられた法然上人の言葉に、ことのほか注意していただきたいと思います。法然上人の吉水の草庵で、お二人が対面されています。そこで法然上人が「南無阿弥陀仏、南無阿弥陀仏」と静かに念仏を称えられます。親鸞聖人もまた「南無阿弥陀仏、南無阿弥陀仏」と念仏を称えます。法然上人が、この「念仏」について、親鸞聖人に説教されることになるのです。このとき二人が称えている念仏の行為性には、まったく何の意味もありません。この念仏の行為を、親鸞聖人はのちに「非行非善」とおっしゃるのですが、自分が為している称名の行為は、自分にとって、行でも善でもないのです。要は、称えている念仏の「義」が重要になるのです。その念仏こそが、親鸞聖人を救おうとしている阿弥陀仏の、大悲の躍動の「すがた」だと、法然上人が親鸞聖人に教えられたのです。この法然上人の説法によって、親鸞聖人の獲信が可能になったのです。としますと、念仏に対して、信じようとする心が、先にあるのではないと言わねばなりません。法然上人の、念仏の真実を説法するという「行」が先にあり、その行為を通して阿弥陀仏の大行が親鸞聖人の心を開くのです。ここに『教行信証』の「行」から「信」へという構造が見られるのです。

往生の行

この九月、浄土宗から講演の依頼を受けました。今日、法然上人の教えをいただいている宗派に、知恩院派の浄土宗と、西山浄土宗、それに真宗の三派があります。その各々のどこに違いがあるかを話し合おうということで、東京の大正大学で講演会が開かれたのです。その講師として出席したのですが、そのとき、浄土真宗の教えの最大の特徴は、「往生の行」として、自分の行為としての往生の行を持たない点にあると、お話しました。なぜ浄土真宗では、自分自身の往生行を持たないのか。これは親鸞聖人の教えと法然上人の教えが、違うということを意味しているのではありません。この最大の原因は、先ほどもお話したように、親鸞聖人が法然上人のもとを訪ねられた、そのときの親鸞聖人の心に問題があるのです。この場の親鸞聖人のお姿は、一切の行に破れ、信に破れている。阿弥陀仏を信じようとして、真実、信じたという確証が得られない。一心に念仏を称えて、必ず往生するという、行の確証も得られない。往生行において、親鸞聖人自身、まったくどうすることもできない苦悩のどん底に陥っていたのです。

たとえば『歎異抄』の第九条で、唯円房が親鸞聖人に、念仏しても喜べない、往生したいという願いも生じない、それはなぜか、と質問されています。それに親鸞聖人は、自分もそのとおりだとお答えになっています。自分もそのとおりだとお答えになったということは、ご自身が、かつてこのことに、根本的に悩まれたことを意味します。阿弥陀仏を信じ往生を願う心をいかにつくろうとしても、それは上辺であって、内実はそうではない。病気になって苦痛に悩まされると、途端に心細くなって、死ぬのではないかと、この娑婆世界にしがみついてしまいます。まして念仏行に励んで真実の心をつくれといわれても、そのような心などつくれるはずはない。浄土教にとって最も重要なことは、阿弥陀仏を一心に信じ専ら念仏を称えて往生を願うことなのですが、親鸞聖人は比叡山において、この行がまったく行ぜられなくなってしまったのです。ここに従来の仏道では救いようのない親鸞聖人が佇んでいる。この点を私たちは、絶対に見落としてはならないのです。

親鸞聖人は比叡山と決別しました。なぜ親鸞聖人は山を下りられたのか。当時、比叡山の仏教は堕落していた。これを嫌ったという人がいますが、私はそうではないと思います。本当に道を求めている人は、周囲の堕落を気にしないものです。自らの一心の求道においては、周囲はまったく問題になりません。そうではなくて、自分が求めている仏教の中で、悟りへの道が見いだせなかった。比叡山の仏道は親鸞聖人を仏果に導かなかったのです。教えを信じ、一心に行に励む。けれども結果が得られない。周囲の問題ではなくて、懸命に求道に励みながら、苦悩のどん底に陥ってしまった。親鸞聖人自身、自分の求めている仏教に、完全に挫折してしまったことが、山を下りざるをえなかった原因だと思うのです。だからこそ親鸞聖人は、法然上人の前で何もなしえず、ただ苦しむのみであったのであり、この苦悩する親鸞聖人に、法然上人は何も求めなかった。このことが非常に重要なのです。

それはその根源の、阿弥陀仏の本願の問題でもあるのです。阿弥陀仏の本願は、私たちに何も求めていない。たとえば第十八願に、阿弥陀仏は一切の衆生を救うという本願をおたてになっています。では一切衆生とは、どのような衆生を指すのか。どのような愚かな悪人も、この衆生の中に含まれています。最低の人をも救う。それが阿弥陀仏の本願です。ところで、その本願を建立されるとき、その本願に、救うための何らかの条件を、もしつけられていたら、どうなるでしょうか。本願に一切のものを救うと誓われるのですが、ただし真実の信心をもたなければならないと、条件がつけられているとします。「真実信心」は凡愚にはありません。とすれば、この本願は、凡愚は絶対に救わないぞという本願になります。たとえば私が大学で講義をしている。そこで試験のときに、「だれでも通してあげるよ」といったうえで、「けれども百点を取らなければ駄目ですよ」と条件をつけたとしますと、百点などだれも取れませんから、だれも通さないということになるのです。

したがって、阿弥陀仏が一切の衆生を救うという本願を建立されて、しかもそこで、真実信心のない者は救わないと誓われているとすれば、それはだれも救わないという本願と同じことですから、本願にそのような条件がつけられるはずはないのです。法然上人が親鸞聖人に「ただ念仏して弥陀に救われよ」といわれたのは、まさにこの点を指しているといえます。法然上人が親鸞聖人に阿弥陀仏の救いの条件を述べたのではないのです。いま二人が静かに念仏を称えている。その念仏の真実、そのはたらきの真理を語られることになるのです。

「南無阿弥陀仏」とは何か。阿弥陀仏の本願からきている言葉です。阿弥陀仏からの呼びかけなのですね。「念仏せよ、汝を救うぞ」という声が阿弥陀仏からきている。しかもその言葉は、弥陀の本願から出ているのです。本願が音声となって私にきている。とすれば、弥陀の言葉が聞こえたということは、それは単なる言葉ではなくて、阿弥陀仏の心そのもの、大悲心が我が心にきているということになります。阿弥陀仏が南無阿弥陀仏となって、私を救うためにここにまします。念仏するとは、まさに、そういうことなのですね。私が阿弥陀仏の大悲に包まれていることなのです。だから私は何も要らない。本願に向かって私が何かをする、その必要性はまったくないのです。ただし、この念仏の真理が、私の心にどのように響くか。それが私にとっての、最大の問題になります。

たとえば私がここで、念仏に何の条件もつける必要はない、ただ称えればよいと説教したとします。それを聞きまして、ああそうか、「南無阿弥陀仏」、これで私は救われているのだ、と思われたら、やはり困ります。その念仏は、まだ自分の心に響いていないからです。宗教は心の問題です。その行為が自分の心とどう関わるか。自分の生命を根源より支え、自己の身心の全体に無限の悦びを与える。そこに宗教の本質が見られるのですから、「南無阿弥陀仏」をただ口先だけで称え、「ああ、救われているわい」と観念的に思ったとしても、それはあまり意味はないのです。

最初に私は、人は生きるために、常に三つのことを求めているといいました。安らかな心でいたい。善い行いをする。欲望を満たし、幸福な生活ができる。このような人生の実現を願って生きているのです。したがって、私たちの仏教の求めは、この前提条件と、まさしく関わっていなければならない。我が人生において、この三つの条件を完全に満たすために、私たちは仏教を求めている。この一点を見落としてはならないのです。もちろん、この三つの条件を完全に満たすとは、仏教においては、仏になることを意味します。そしてそのために、往生浄土の道が求められる。親鸞聖人はなぜ悩まれたか。比叡山での仏道で、今を生きる自分にとって、この求めに対する答えが得られなかったからです。厳しい修行の結果、最終的に、その行道の全てが破綻してしまった。その苦悩のどん底で、法然上人に出遇ったのです。ところが法然上人から「南無阿弥陀仏」の真実を聞くことによって、この苦悩が根本的に破られた。先の三つの条件が、完全に満たされたのですね。これが浄土真宗の教えです。

では浄土真宗の教えとは何か。私たちは今、阿弥陀仏の浄土に生まれようとしているのですから、阿弥陀仏とは何かが、まず明らかにならねばならない。そして阿弥陀仏の浄土に生まれて、いったい私は何になろうとしているのか。そのことも、自分自身ではっきり自覚しておかねばなりません。ところで仏教を求める者、仏教者の願いは、全て同じであるべきで、それは自らが無上仏になることとなのです。無上仏とは最高の仏です。一人ひとりが最高の仏になるために、お互い仏法を求めているのです。では最高の仏とは何か。真如と呼ばれ、色もなく形もましまさない、それが最高の仏のお姿です。一人ひとりがその最高の仏になるために、私たちは今、仏法を学び仏道を求めているのです。では「南無阿弥陀仏」とは何か。南無阿弥陀仏こそ、一人ひとりを最高の仏になさしめる道なのです。

さてここで、無上仏と私の関係が問題になります。それは私の無上仏になる問題なのですが、私たちは、無上仏と触れ合うことによって無上仏になる。とすれば、愚悪なる凡夫は、いかにして無上仏と触れ合うことができるのか。凡夫の側からいかに働きかけても、それは無理だといわねばなりません。凡夫は、その真如を見ることも、知ることもできないからです。一方的に無上仏からの働きかけになるのですね。そもそも仏の功徳は、無限の智慧と慈悲です。智慧によって迷える凡夫を見、慈悲によってその凡夫を救う。ここに仏の功徳の全てがあります。だからこそ無上仏は、一切の衆生を救おうと願われるのであり、そのためにも、無上仏が凡夫に向かって、まず動かねばならないのです。

凡夫を救うために、真如がまず動く。動くとは、凡夫のために姿を示すことを意味します。その真如に、凡夫が触れることができなければ、いかに真如がはたらいても、それは凡夫にとって無意味になるからです。真如が真如のままで姿を示す。その真如とは、空間的に無限であり、時間的にも無限である。いわば宇宙の全体を覆い、その一切を救い続けるはたらきが、真如そのものだといえるのではないでしょうか。ではこの真如と呼ばれる仏を、一言、言葉で表現すればどうなるでしょうか。凡夫にも分かる言葉で表現すると、時間的には寿命無量、空間的には光明無量という仏が、ここに出現します。無限の寿命でもって宇宙の全体を光で輝かせ、しかもその覆い尽くしている一切の迷えるものを救うという仏、すなわち帰命尽十方無礙光如来・南無不可思議光という、光り輝いている真如が、そのまま言葉となって、凡夫の心に聞こえてくる。それが南無阿弥陀仏という響きです。真如――それは無量寿・無量光という無限の輝きですが、その光の言葉が阿弥陀（アミダ）なのです。だからこそ一切の迷える衆生は、真如から出現した仏、阿弥陀仏に触れることによってのみ、無上仏に至るのです。

ここで真如の願いとは何かなのですが、先にもお話したように、無上仏は、一切の迷える衆生を最高の仏になさしめようと願っている。その願いを言葉にしますと、「南無」と発音されることになります。南無とは、仏の本願を意味する言葉なのです。そこで南無阿弥陀仏とは、無上仏である真如が動いて阿弥陀仏となり、一切の衆生を無上仏になさしめようと願われている言葉となるのです。それが第十八願の誓いです。「ただ念仏せよ、汝を救う」とは、念仏に触れないかぎり、衆生は仏になれないからで、それゆえに、南無阿弥陀仏という呼び声が、仏から私の心にくるのです。その仏の呼び声の真理を、法然上人が親鸞聖人に説法された。あなたが今称えている念仏こそ、あなたを摂取している阿弥陀仏のお姿だと教えたのです。法然上人のもとに跪いている親鸞聖人には、いかなる力も存在していません。懸命に努力し、修行し尽くした結果、その一切が破れ果てたからです。したがって、自らの意識のうえでは、ただ苦悩に喘ぐのみで、何の気力も望みも消えてしまっています。けれども、全てが破れてしまった今こそ、その心の奥底では、なんとしても救われたいという願いで、心が研ぎ澄まされている。そこに今、南無阿弥陀仏という言葉が響いたのです。仏は汝こそを救おうとしているという、南無阿弥陀仏の声が聞えたのです。この瞬間が、まさに親鸞聖人の阿弥陀仏との出遇いであり、獲信の時です。そしてこの一切の真理を信知する心が信心なのです。では親鸞聖人は、この信心を何によって得たのか。真如からくる阿弥陀仏の大悲のはたらき、大行によってです。けれども、より具体的には、法然上人の弥陀の本願を説く行為によってだといわねばなりません。

涅槃の真因

ここで浄土真宗の信心とは、信じたならば救うという条件ではない、ということに注意しなければなりません。阿弥陀仏は本願に、真実の信心をつくれと誓われているのではなくて、本当の意味で、阿弥陀仏の大悲を知れと誓われているのであり、その大悲の真実を信知することが信心なのです。そして、その大悲のすがたが南無阿弥陀仏ですから、南無阿弥陀仏一つで救われるのであり、その大悲を信じたそのとき、往生は決定するのです。そこで浄土真宗では、涅槃の真因はただ信心のみといわれるのです。その意味で、信心が全てなのですが、信心のみということは、同時に南無阿弥陀仏のみということなのです。

この救いの姿を、言葉を換えて言えば、無条件の救いということになります。阿弥陀仏は救いに何の条件もつけていないからです。信じるといっても、念仏を称えるといっても、それが条件になるのではない。阿弥陀仏の大悲に触れよということです。しかも大悲は無条件で、先に、私の心に届いているのです。としますと、何もしなくても救われていることになります。阿弥陀さんは何もしなくても私を救ってくださる。それさえ分かれば、私は寝ていても、遊んでいてもよいことになります。そうだとしますと、別にお寺に参って、説教を聞く必要はなくなります。だから、そのように思う人は、楽しく遊んでいればよいのです。ところがどうでしょうか。元気で幸福なときは、何ら問題はないのですが、突然重い病気になる。不慮の出来事で、不幸のどん底に陥る。はたしてそのときでも、平気で楽しく遊ぶことができるでしょうか。それは絶対にできない。そのようなときには、この人は驚いて、心が顛倒し、必死になって救いを求めて、ほうぼうの神さまや仏さまにしがみつきにゆく。無条件の救いが分かっていれば、このときこそ、何もしないで喜んでいればよいのですが、そういうことはできない。だからこそ、無条件の救いとは何かを、日常、必死に聞き続けねばならないのです。

これは私の友人の話なのですが、彼のお父さんは本当に念仏を喜ばれる方で、常日ごろ、彼に、念仏を称えよと厳しくしつけられました。そのお父さんが晩年、癌になったのです。とても痛くて苦しい。ところで、お父さんはそのとき、痛がるばかりで念仏を少しも称えないのです。そこで彼は腹を立てまして、「少し念仏を称えなさいよ」と父に言ったというのです。すると、お父さんは彼に、「お前は何にも分かっていない。痛いときは痛いでよい、阿弥陀仏はこの私をとっくに救ってくださっている」と、平気で痛い痛いといっていたというのです。ここに無条件の救いがある。彼のお父さんにとって、念仏は何ら救いの条件にはなっていない。けれども、お父さんの全ては、まさに念仏に生かされているのです。すでに念仏の喜びに生かされていたからこそ、平気で痛い痛いということができたのです。

これは日ごろ、念仏に生かされている者のご利益で、この念仏の功徳が分かることが信心です。その信心を私たちは自分でつくろうと努力している。ここに第二十願の信心と第十八願の信心の大きな違いがあるのです。第二十願の信心は、自分が阿弥陀仏を信じようとする心です。そこでこの心に、どうしてもはからいが入ってしまう。自分はこんなに一心に弥陀を信じているのだから、必ず救われるはずだ。自分の信心はまだまだ浅いから、救われないかもしれない。これが罪福を信じる心なのですが、この一心に弥陀を信じようとする心こそが、自力の執心であって、まだ真に他力の信心に至っていない。この者に、「あなたは本願を疑っていますね」といえば、おそらくこの者は、カンカンになって怒るはずです。なぜならこの人は、自分自身で必死になって阿弥陀仏を信じようとしているからです。必死に阿弥陀仏を信じようとしている人に、もしだれかが、「あなたは弥陀を疑っていますね」といえば、これほど失礼なことはありません。だからこの人にとって、これほど腹立たしいことはないのですが、だがこの信じようとする心こそ、自身で信をつくろうとしている、自力の執心に他ならず、罪福心と呼ばれる信心なのです。このように見ますと、私たちが自分の心につくろうとしている信心は、せいぜい第二十願の信心でしかないのです。

浄土宗と浄土真宗

第十八願の信心は、まさに自力の執心が完全に破られていないければならないのですが、そのためには、まず自分自身がその心を得るために、必死に努力しなければならない。そして完全にその努力が破れる。得るための努力が、完全に成り立たなくなる。自らの力がなくなるから、自然に自力の執念が消えるのです。とすれば、この信を得ることは、まことに難中の難だといわねばなりません。

『歎異抄』の第三条に、「善人なをもて往生をとぐ、いはんや悪人をや」(真聖全二、七七五頁)という言葉があります。私たちは今日まで、この思想は親鸞聖人の独自のお考えであると思ってきました。ところが最近、法然上人の伝記に、同じ言葉が見られるということで、これは本来、法然上人がおっしゃった言葉だといわれるようになりました。私は、このほうが正しいと思います。ただし、ここで注意しなければならないのは、その法然上人の言葉は、法然上人独自のものではなくて、浄土教の教えそのものが、実は、悪人往生の教えだということです。聖者や善人は、別に阿弥陀仏の本願に頼らなくても、仏になる道は存在します。けれども悪人、とくに極悪人は、阿弥陀仏の本願による以外、仏果に至る道は存在しません。弥陀の本願を信じ、念仏を称え、救いを求める以外、極悪人の救われる道はないのです。とすれば阿弥陀仏は、ことに、だれを救おうと願われているか明らかになります。その本願は当然、阿弥陀仏に頼るしか道のない者こそを救おうとされている。弥陀の大悲はもともと、悪人に向けられているのであって、悪人こそが救われる、これが浄土教の最も大切な教えの一面になるのです。したがって法然上人が「悪人こそが救われる」と教えられたのは、当然のことだといえるのです。

ところで、ここで大きな問題が生じます。現在の浄土真宗と浄土宗の、教えの一つの大きな違いは、浄土宗は善人往生を説き、浄土真宗は悪人往生を説くということです。浄土宗も浄土真宗も、その根源は、法然上人の教えにあり、その流れを汲む宗派です。そして共に、法然上人から悪人往生の教えを聞いているのです。それがなぜ、一方が、善人往生を説く教団に、他方は悪人往生を教える教団に発展したのでしょうか。これは二つの宗派の一方が、法然上人の教えを聞き誤ったということではありません。両者とも、法然上人の教えをそのごとく、一心に聞き、教えのごとく、浄土の教えを実践したのです。では、それがなぜ、一方が善人往生に、他方が悪人往生にと、大きく二つに分かれたのでしょうか。その違いは何かが、ここで問題になります。

そこで浄土宗の場合、法然上人の言葉をどのように受けとめたかということです。弥陀の本願は、悪人こそを救うという本願です。では自分はいかなる人間か。まさに極悪人でしかない。それゆえに、弥陀の本願はこの私を救おうとされている。私は弥陀に救われる以外、仏になる道はない。そこで自分は、一心に念仏を称え、心から往生を願っている。であれば、この私は、すでに阿弥陀仏の大悲の中にあり、往生の道を歩む念仏者だといわねばならない。とすれば、私にとっての日常はどうあるべきか。極悪人である私が、弥陀の大悲に救われ、今を生かされている。とすればこの私は、せめて人間として、善に励むことが、仏の恩に報じることになるのではないか。救われているがゆえに、懸命に仏事を営む。ひたすら念仏を称え、少しでも善人になるべく、善行に励む。これが浄土宗の教義で、ここに善人往生の思想が生まれた原因が見られるのではないかと思います。

ではそれに対して、親鸞聖人の教えの特徴は何でしょうか。それは、私たちは悪人であるという教えではありません。今日の浄土真宗は、私たちは悪人だと教え、私たちもまた頭から、自分は悪人だと思っているのですが、それは、親鸞聖人の教えからいえば、間違っていると思います。私たちはだれも、本当の意味で、自分は悪人だと思っていないからです。そこで親鸞聖人の教えですが、親鸞聖人は私たちに、お前は自分を善人としか思っていないぞ、と教えられている点が、ことに重要なのです。ここのところを、私たちは間違って聞いてはならないのです。人間というものは、自分を善人としか捉えることはできない。自分自身は正しいのであって、間違っているのは相手なのです。俺は善であって、あいつは悪だ。そのように見るのが人間なのです。その人間に対して親鸞聖人は、本当に自分の行いが、正しく善であるかを問わしめているのです。

だから親鸞聖人の教えは、この私に一つの善もないことを、見つめさせる表現になっているのです。愚かな凡夫には、真実の善は、ほんの少しもない。私たちには絶対的な善は一つとして存在しない。にもかかわらず私たちは、その善の側に自分を置いて、他を見ているのです。その自分自身を善として捉えている心を、根底から破ろうとしているのが、親鸞聖人の教えになるのです。阿弥陀仏の大悲からすれば、「善人なをもて往生をとぐ、いはんや悪人をや」となるのですが、それを私たちは通常、

「悪人なを往生す、いかにいはんや善人をや」としか考えることができないのです。なぜなら常識的には、私たちはだれでも、人間としての理性を持ち、善悪を判断し、倫理的に生きることを喜びとしているからです。したがって当然、自分には仏道を歩む力があると思っている。私たちはどこまでいっても、まだ自力の心が残っているのです。

けれども本来的には、私たち凡夫には、仏になるべき力はまったく存在していない。究極的に悪人でしかない。その悪に目覚めた姿が、まさに親鸞聖人が比叡山で、最終的に一切の行き詰まり、善の可能性が全て破れて、法然上人の前に跪いている姿になるのです。ここのところを私たちは見落としてはなりません。私たちが真の意味で、阿弥陀仏に出遇うためには、自分の側に、仏になるべきいかなる力も存在しない。一つの善もない、という自覚が必要になるのです。そのような自覚において、はじめて、自分は浄土に生まれる善行ができない、浄土を願う心さえ生じないという、我が力で弥陀を捉えることのまったくできない自分が明らかになるのです。ここで浄土真宗の教えの特徴としての、「悪人正機」の意義が知られます。「悪人なをもて往生をとぐ」の、悪人こそとは、「私は悪人だから救われている」という教えなのではなくて、自分を善人としてしか捉えていない私たちに、その愚悪性を見つめさせているのです。したがって浄土真宗は、どこまでも悪人往生でなければならないのです。

一声の念仏

　だからこそ南無阿弥陀仏は、阿弥陀仏からの声になるのです。私が助けを求めて阿弥陀仏を呼んでいるのではなくて、そのはるか以前から、この私を救うべく、「念仏して救われよ」と、私に呼びかけ給うている、阿弥陀仏の声なのです。私が阿弥陀仏を捉えるのではなくて、阿弥陀仏が私を摂取する。私が心に阿弥陀仏を思い浮かべるのではなくて、阿弥陀仏が我が心に「すがた」を現されるのです。このことを親鸞聖人は「不回向」とおっしゃるのです。私が阿弥陀仏に念仏を廻向するのではなく、阿弥陀仏が私に念仏を廻向される。としますと、私たちは念仏を称えるとき、それはどんなとき、どのような場所でもよいのです。行・住・坐・臥、時節の久近が問われない。どのような心の状態であっても問題ではない。ただ念仏を称える。そこに常に、阿弥陀仏に生かされている私がいる、と親鸞聖人は教えられます。しかもこの念仏者をお釈迦さまは、「善き友」と呼ばれます。仏の最高の友だとお誉めになる。ではなぜ、念仏を称えることが、釈尊の最高の友になるのでしょうか。最高の友とは、互いに信頼しあえて、同一の事柄を最も大切にし、そのことを語り合い、実践することに、最高の喜びを感ずる仲間だということになります。

　そこで仏教における友とは何か、ということになるのですが、仏について語り合い喜ぶ仲間が、よき友となります。釈尊の出世本懐は何か。お釈迦さまはなぜ、この世にお生まれになったのか。それは『大無量寿経』という経典を説くためです。念仏を称え、本願を語り、阿弥陀仏の大悲の真実をこの世に明らかにするために、仏としてお生まれになったのです。この真理を親鸞聖人は、『教行信証』の「教巻」で説かれるのですが、その「教巻」で、真実の教として引用される『大無量寿経』の言葉が面白いのです。この経が真実の教えだと指摘されながら、経典の中心思想は何も引用されていないのです。というよりも、「教巻」では、お釈迦さまが説法される部分がまったく引用されないで、ただ釈尊が無限に輝いたという部分のみを引用し、それが真実の教の証であると述べられるのです。いったいなぜ、釈尊が今までになく輝いたことが、真実の教の証になるのか。

それは釈尊の悟りの心が、今までにない、歓喜の心に満ち満ちていたことを意味するのではないかと思います。輝くとは、心が喜びに満ち満ちることです。これは人も同じです。昨日サッカーの試合がありました。日本がカザフスタンに勝ったのですが、そのときの選手の姿は、みな喜んで輝いていた。自分の願いや努力が達成できれば、人はだれでも喜び輝くのです。その中でも最高の友と語り合う。本当に心が満たされる。これがやはり人生における最高の、一番尊い慶びになります。そのように考えますと、お釈迦さまが今、今までになく最高に輝いたということは、このとき釈尊は、最高の仏と語り合われていたことになるのではないでしょうか。

これが弥陀三昧に入られている釈尊のお姿です。お釈迦さまが禅定に入られ、阿弥陀仏と相念じ合われた。その悦びが自然に釈尊を輝かせたのですが、その不可思議さを阿難尊者が疑問に思われて、釈尊にお尋ねになるのです。釈尊よ、なぜあなたはそれほど輝いているのか。おそらく今、最高の仏と念じ合われている。どうかその最高の仏の教えを説いてほしい、と願われるのです。その阿難の願いに応じて説法が始まる。それが『大無量寿経』の教えです。ところで「教巻」に引用されている部分は、その説教の内容ではなくて、釈尊が輝いている箇所なのです。

「教巻」では、まだお釈迦さまの説法が始まっていない。それ以前の、阿弥陀仏の教えの全体、それは阿弥陀仏の一切の衆生を救う、「教行信証」という教法なのですが、その教えが阿弥陀仏から釈迦の心に映ぜられた。その法を今、釈尊が喜びの心で領受された。この心の状態を親鸞聖人は「教巻」でお示しになり、その真理を「浄土真実の教」と捉えたのです。阿弥陀仏が一切の衆生を浄土に往生せしめる、「教行信証」を釈尊に伝承する。ここに浄土真実の「教」があるのです。そこで釈迦は「南無阿弥陀仏」と、一声念仏を称えられる。その一声こそ、釈尊が阿弥陀仏の救いの法の全体を領受した証であり、そしてその一声が、釈尊の喜びの声、阿弥陀仏を讃える讃嘆になる。と同時にこの一声から、南無阿弥陀仏の法の真理を大衆に向かって説く、釈尊の説法が始まるのです。釈迦のこの行為が、「行巻」の行になります。

「行巻」は、「つつしんで往相の廻向を按ずるに、大行あり、大信あり。大行とは、すなわち無礙光如来の名を称するなり」（真聖全二、五頁）という言葉に始まります。それは釈尊が今、南無阿弥陀仏と称え、そして大衆もまた南無阿弥陀仏と称える。その称えている念仏を指して、釈尊が大衆に、この南無阿弥陀仏が、一切の衆生を救うために廻向された大行、阿弥陀仏のはたらきであると説法されている、釈尊の行だと、親鸞聖人が捉えられたのです。したがってこの念仏は、衆生の行為性としては何の意味もありません。行でも善でもないのです。だから、この念仏に信心がなければならない、といったことは、今はまったく問題にならないのです。信心があるとかないとかが重要なことではなくて、称えている念仏が、まさに阿弥陀仏から廻向された大行だということです。そしてその南無阿弥陀仏の無限の功徳を、お釈迦さまが私たちに説法されているという事態が重要なのです。阿弥陀仏は私たちに「南無阿弥陀仏」をどう称えるかを求めているのではなくて、称えている念仏こそが、その念仏者を摂取している、弥陀の大悲であることを、私たちに教えようとしているのです。

これは笑い話になるのですが、学生時代に「念仏婆さん」という話を聞かされました。それは常日ごろ、念仏ばかり唱えていた婆さんの話です。その婆さんが亡くなるのです。そこで三途の川まで行きます。そこに閻魔さんがおり、善人と悪人を裁いている。善人は極楽に生まれる。悪人は地獄に落とされることになるのです。そこで、お婆さんが裁かれることになる。お婆さんは念仏ばかりを唱えていましたので、当然極楽に行けるものと、自信満々でした。ところが閻魔さんは、お婆さんに大声で、「地獄行き」と宣告したのです。お婆さんは驚いて、「私は念仏ばかりを唱えてきたのだから、そのようなはずはない。もう一度調べてほしい」と訴えたのです。そこで閻魔さんは、お婆さんの過去を持ってこさせた。すると、荷車に念仏が山積みされていた。お婆さんは、その念仏を指して、「これでなぜ地獄行きなのか」と聞いたのです。そこで閻魔さんが、その念仏にフッと息を吹きかけたのです。すると念仏は全部飛んでしまった。全て空念仏であった。だから地獄行きになってしまったのです。ところが、よく調べてみると、荷車の角に一つだけ念仏がくっついていた。あるとき、雷が落ちたのですが、そのとき思わず、心から救いを求めて念仏した。その念仏のお陰で、お婆さんは極楽に行けたという話です。

この説教は、空念仏に対する戒めになっています。だがよく考えてみますと、私たちが称えている念仏は、結局どれも、空念仏の類ではないでしょうか。ろくな心でしか念仏を称えていないからです。自分自身の行為性からすると、どの念仏も全て空念仏になってしまいます。だから親鸞聖人は、その念仏の行為性をまったく問題になさらない。私たちの行為性を問題にしないで、その念仏が、阿弥陀仏から廻向されている、私を救う弥陀の大悲だと教えられる。念仏をこのように味わうことが重要なのです。私が念仏を称える。その称えている私が、今、阿弥陀仏の大行に生かされているのです。まさに弥陀の大悲の中にいるのであり、いわば、阿弥陀仏の浄土の真っ只中にある、といえなくはありません。ただし、ここで間違ってはならないことは、その私が手にしているもの、見るもの触れるものの一切は、凡愚の私にとって、穢土の世における、虚仮不実のものでしかありません。その全体が、迷いそのものである。この点を『歎異抄』では、「煩悩具足の凡夫、火宅無常の世界は、よろづのことみなもてそらごとたわごと、まことあることなきに」（真聖全二、七九二〜七九三頁）と述べられているのだと思います。

したがって、念仏を称えたからといって、感覚的に、私の心が喜びに満ち溢れたり、安らぎを得たりするのではありません。もちろん、喜びもありますが、同時に苦悩もあり、悲しみもある。そしてその全体からいえば、私たちの人生は、結局、迷いそのものになってしまうのです。もし迷いも苦悩もないとすれば、それは仏だからで、凡夫だからこそ迷うのです。だが凡夫なればこそ、阿弥陀仏が念仏となって、私の心にまします。私が弥陀の大悲に抱かれているのです。ここに私の全人格的な場、身心の全体で念仏を喜ぶ、安堵があるといえます。これが先の『歎異抄』の続き、「念仏のみぞまこと」といわれる言葉になります。念仏を称えることが、阿弥陀仏の大悲に生かされている私になるのです。

としますと、ここで念仏を称えるとき、私たちは何ら肩肘を張る必要はなくなります。念仏を称えるその称え方に、何一つ条件をつけなくてよいからです。報恩の念仏を称えよ。自力の念仏は駄目だ。感謝の気持ちが重要だ。信心のない念仏は意味がない、等々。私たちは、念仏を称えるとき、雑行雑修自力の念仏でないかどうか、ともすれば、びくびくするのですが、そんな心配は要りません。称えている念仏が、弥陀廻向の念仏だからです。そこで私たちは、もっと自由自在に楽しく念仏と遊べばよいのです。嬉しいときは嬉しい心で、悲しいときは悲しみのままで、ゆったりした風呂の中では気持ちよく、眠れないときは眠るために、逆に目覚めのための念仏もあってよいと思います。称えるとき、そこに何の条件も要らない。ただ、いついかなる場合の念仏も、それが弥陀の大悲だと分かれば、それでよい。念仏と共に、常に弥陀の大悲に生かされていることを知ることが全てになるのです。

大乗菩薩道を歩む

では念仏と共に生きるとは、どういうことなのでしょうか。それが私たちにとっての唯一の仏道になるということです。仏道とは、私たちにとっては大乗仏教の、菩薩道を意味します。そして菩薩道とは、慈悲の実践にほかなりません。慈悲の実践とは、迷い苦しむ人びとを救い続ける道です。菩薩とは、本来的に、自分の利益を求めるのではなくて、その慈悲の実践、利他行を行じる仏道者なのです。そこで念仏を称えるということは、大乗菩薩道の一番の特徴である、真に人を救い続ける、唯一の道になる。自分の利益を求めないで、ただ人のためにのみ尽くすという、菩薩道が可能になるのです。凡夫にそのようなことができるはずはないと思われるかもしれませんが、ここで法然上人や親鸞聖人の念仏道に注意したいのです。

法然上人は自らを愚痴の法然房と呼ばれ、親鸞聖人は自分の姿を愚禿釈親鸞と名のられています。法然上人も親鸞聖人も、これ以上愚かなものはいないと自分を捉えられています。けれども法然上人も親鸞聖人も、真実の念仏道を歩み始められてからは、自分のみの往生を求めて、一声の念仏も称えられてはいません。なぜなら自分の往生はすでに定まっているからです。阿弥陀仏の大悲の中に生かされている自分がここにいる。すでに往生が決定している者にとって、さらに往生を願う必要はまったくないのです。往生のために祈り、念仏を称える人は、まだ往生が決定していない人です。決定してしまえば、往生したいと願う心は、おのずから消えます。では、いかなる願いが残るのか。阿弥陀仏の教えを聞かず、苦しみ迷う人びとに対して、なんとか自分と同じ喜びをもってほしいという願いが残るのではないでしょうか。

だから法然上人も親鸞聖人も、往生の仏道において、自分の利益は何も求めないで、他者に対して、ただひたすら念仏の法門を説いている。念仏を称えて、お互い、弥陀の浄土に生まれようと勧めているのです。この仏道であれば、いかなる凡夫にも可能なのです。先に示した妙好人は、まさにかかる仏道を歩まれているのです。念仏を称え、それを他と共に慶ぶ。この行為には何の力みもありません。自分の利益を考える、そのような心もここでは生じません。しかも、ここに大乗の菩薩道が立派に実現しているのです。その道を、法然上人も親鸞聖人も力強く歩まれているのです。ところで今日、この念仏道を私たちは見失っているのです。自分自身において、他と共に念仏を喜ぶという道が消えているのです。そういった意味で、親鸞聖人が、そして法然上人が、私たちに何を願われ、いかなる念仏の道を開かれたのかを、いま一度、あらためて問うことが重要ではないかと思うのです。

なぜいま念仏か―呪縛からの解放を求めて―

親鸞思想の一つの特徴

親鸞聖人の教えの特徴は何かと尋ねられますと、すぐ「他力本願」とか「悪人正機」といった言葉が思い出されます。阿弥陀仏の本願力をただ信じるのみで救われる教えだと捉えることもできれば、また念仏の一道を説いているといえるかもしれません。確かにそういった思想に、親鸞聖人の教えの特徴を見るのですが、もっと具体的に、私たちの日常生活で身近に感じるものを探してみますと、それは「迷信をもたないことだ」といえるのではないでしょうか。このことは西本願寺で、浄土真宗という教団の特徴を「深く因果の道理をわきまえて、現世祈祷や、まじないを行わず、占いなどにたよらない」と、示していることから見ても明らかです。

真宗信仰に生かされているものは迷信をもたない。これはまさしく当たり前のことなのですが、この点をよく考えていただきたいのです。私は世界における宗教の、最大の不可思議さの一つと見てよいほど、非常に重要なことではないかと思うのです。いかに評価しても評価しすぎることはありません。ここで「因果の道理をわきまえる」という言葉に注意してみましょう。因果の道理とは何か。原因と結果の法則にほかなりません。この世には眼に見えないさまざまな不幸があります。また今日ではすでに、原因ははっきりしているのですが、人間の力ではどうにもならない、突発的あるいは不可避的な災難にも出会います。家族や自分が、不慮の出来事に遭遇するとか、原因不明の不治の病にかかることは前者ですし、地震や雷や台風などに襲われることは後者です。

この場合重要なことは、その根本原因を科学的に道理的に見つめることであって、決して悪魔や悪霊といった神の祟りとする、迷信的見方をしてはならないことはいうまでもありません。ところで今ここでの問題は、現代におけるこの当然の見方を、八百年前の親鸞聖人の時代に当てはめるとどうなるかということです。この時代では、科学的な見方は成り立ちません。その親鸞聖人の思想に迷信的要素のないことに、私たちは驚かねばならないのです。もちろん親鸞聖人は、科学的にものを見る目などもっていません。その親鸞聖人の思想に、なぜ迷信的要素がないのでしょうか。ひるがえって、現代の世相に目を移してみます。現代は科学の時代なのですが、この現代にまたなんと迷信的信仰の盛んなこと。それはまたなぜでしょうか。現代は科学の時代であると同時に、迷信の時代でもあるのです。

このように見ますと、仏教のいう「因果の道理」とは、必ずしも科学的見方と重ならない。科学的な原因と結果の法則ではない、といわねばなりません。科学的な見方が発達している今日、迷信的要素の多い信仰が流行り、そのような見方の存在しなかった時代の、親鸞聖人の信心にまったく迷信的要素が見られない。これをどのように説明づければよいかを、しばらく考えてみたいと思うのです。

科学の時代・迷信の時代

現代は、科学の時代であると同時に、迷信の時代でもあるといいました。これは両者が足りない部分を補完しあって、互いに同じものを求めているからではないでしょうか。人間にとって求められるべき幸福な人生とは、ほぼ次の三点にまとめられるのではないかと思います。まず第一は、その人生が健康に恵まれ、豊かで楽しく充実したものであること。第二は、人間としての正しさを失っていないこと。そして第三は、その努力がその人の心に安らぎを与えていること。ところで、この三点を満たすために、科学と宗教が必要だとして、いったいどちらが役立つのでしょうか。かつては宗教であったかもしれませんが、現代は明らかに科学だといえます。現代の文明社会に見る、豊かさ、便利さ、明るさ、快適さ、そういった人間の欲望を満たす楽しい人生は、まさしく科学によってもたらされたといえるからです。

人間にとって最も望まれることは、自由自在の生き方ができることです。それが最大の願いだということは、私たちの人生は、実際的にはまったく不自由な生き方しかできないからに他なりません。そういった意味で、人間社会に生きる私たちは、苦悩の原因となるさまざまな事柄に、がんじがらめに縛られているのです。だからこそ人間は、懸命にその繋縛されている要素の一つ一つを取り除くべく努力しているのです。そして現に科学の力は、病の苦しみ、自然の脅威、人間社会の不平等性、貧困、醜さといった、人間のもっている苦痛の原因の多くを除くことに成功しているといえます。

もちろん近世までは、その役目は主として宗教が担っていたのです。神に祈祷し、占いや呪いを行って、人間にまつわる苦悪の、呪縛からの解放を願ったのです。だがその効果はそれほどあがらず、むしろ逆に、人間をより一層の不幸に落としいれることさえあったといえます。だからこそ現代人は、かかる行為を「迷信」として非常に嫌います。祈祷や占いに見られる不合理性は、理性的なものの考え方、科学の眼から見れば、まったくおかしいといわねばなりません。だからして理性的な生活が求められている科学時代では、迷信や俗信と見られる行為は、まず第一に除かれねばならないのです。この科学時代に生きる現代人で、迷信を馬鹿にしない者は、だれ一人としていないのではないでしょうか。

そこで現在では迷信がとっくの昔になくなってしまったのです、といわれれば納得がいくのですが、残念ながら逆なのです。一方では科学時代だと叫ばれながら、他方では、現代はまさしく迷信が世を謳歌しているのです。それはなぜでしょうか。人生は「不条理」だといわれています。それは科学時代の現代においても変わりはありません。この私に、いつどのような不慮の出来事が起こるか、実際のところまったくわからないのです。ところで現代人の特徴は、便利で楽しく快適な生活に慣らされている。苦痛に耐えることが非常に弱くなっているのです。そのうえ、物事の判断を常に合理的に行っていますので、筋を通して考えることには強いのですが、理性に反する出来事が起こると、どうしてよいかわからなくなるのです。人がもし人生の途上で、不条理の出来事に出会い、不幸のどん底に落ち込み、苦悩に喘いでいるとします。その耳元で甘い言葉が囁かれれば、どうなるでしょうか。

彼はすでに理性的判断を失っています。その耳に囁かれるのです。あなたはなぜ不幸に陥っているか、おわかりですか。ご先祖に弔われていない人がおられるのです。その霊が迷って、今あなたを苦しめているのです。お墓の方角はいかがですか。何か墓に傷はありませんか。過去帳の抜けているご先祖を捜しなさい。お墓を修理し、方角を改めなさい。この香合を仏壇に供えなさい。そして、この神さまを一心に信じなさい。きっと家運が良い方向に向いてきますよ。もし彼が通常の健全な心のときに、このような言葉が囁かれたとすれば、それは即座に一笑に付して、馬鹿なことをと、顧みもしないのではないでしょうか。けれどももし、予期せぬ不慮の出来事が二度三度、重なって起こったとします。あるいはまた体調が崩れ、どのように治療しても悪化の一途をたどっていくといった場合です。神秘的な占い。そこから発せられる甘い信仰の囁きに、人はいとも簡単に、その霊力にすがりつこうとするのではないでしょうか。

人間の心とは、それほど弱いものだからです。今日の私たちの時代で、迷信を馬鹿にしない者はいません。だれしも、例外なしに迷信を馬鹿にしているのですが、どうしようもない不安に落とし込まれると、この私を救うという霊力、神の力にしがみついて、なんとしても助かりたいと願うことになるのです。溺れるものは藁をもつかむといわれますが、その姿こそ、藁をつかんで溺れているものの姿だといわねばなりません。それは臨終における、どうしようもない最悪の状態だともいえます。そこでは科学の力も迷信の力も、まったく役に立たないのです。けれどもこの者は、科学か迷信のどちらかにしか頼れない。そのいずれかに必死にしがみつくのですが、体調は悪化の一途をたどります。しかもこの者は、現代人特有の、苦悩に耐える心をもっていないのです。このどんどんとより深い苦悩に落ち込んでいく者に、はたして救いはありうるのでしょうか。

天国はなぜ迷いか

いつの時代でも同じなのかもしれませんが、ことに現代人が惨めになるのは、臨終においてだといえます。なぜならその臨終の姿が、だんだんと天人の臨終に近づいているからです。科学時代とは、いわばこの世に天国をつくろうとしている、といいうるかもしれません。人間生活から苦しみの原因となるものを全て排除し、楽しみのみが満ち満ちている楽園をつくる。科学文明がまさに目指している人間社会は、自由自在に生き、平等で平和で明るく、健康で豊かな楽しい生活なのです。現実では、そのためにかえって、あらゆる場で、悲惨な歪みをきたしていることも事実なのですが、いまはそのことにしばらく目をつむるとして、文明社会の表面のみを見ますと、確かに人間生活の、醜さ暗さの面が覆い隠されて、美しく明るく、楽しい生活が溢れているように見えます。ある人にとってはすでに、レジャーを楽しみ、おいしい食事をし、欲望を満たす思い通りの生活が実現されているように見えなくはありません。それはまさに古代人が憧れた、天人の生活そのものではないでしょうか。

けれどもその欲望に満ちた、思いどおりの人生を送っているその人にも、やがて老いがきたり、そして死に至る病を患います。重い病にかかれば当然のこととして、病院に入院することになります。生活に恵まれている人であればあるほど、最もすばらしい近代設備の整った病院に入院し、そこで最先端の治療が施されるのです。この場合、生命にかかわるほどの重病であれば、本人の意思にはあまり関係なく、さっそく入院させられて、最高の治療を受けることになるはずです。このとき、その病人を入院させた人びとに、何か罪の意識が抱かれるでしょうか。もちろん家族や友人であれば、その病状を心配するとか、離れることの寂しさを感じることは当然です。けれども入院させたことに対する罪の意識は、だれも持たないはずです。自分たちにとって最もよいと思われる行動を、そのとき人はとったはずですから。

だがこの入院という事態を、病人である本人から見れば、どうなるでしょうか。非常な苦悩に苛まれること自体、言いようのない惨めさを本人は味わうことになるのですが、加えて自分の今の姿はどうでしょうか。それがどんなにすばらしい病院だとしても、自分がただ独り、まったく知らない病室で、医療器具に覆われて横たえられている。さまざまな治療が施されてはいるが、けれども日々弱って、快復の兆しが見られない。隔離されていて、見知らぬ医者や看護師に治療はしてもらうが、心の甘える場がない。家族も、たまにしか顔を見せない。形式的に自分は周囲から笑顔を見せられているが、本来的にはもう自分の存在は忘れられている。病室から外を見ると、外の世界は無限に明るく、人びとはレジャーに浮かれ、楽しみを満喫させて、愉快に生活を送っている。それに比して、自分の心は無限に暗い。この病人の姿に、はたして救いを見ることができるか、ということをいま尋ねているのです。

仏教では、六道輪廻の中に見られる「天人」を、迷いだと捉えます。天国には苦悩の原因になるものは何一つないといわれています。したがって、天人の生活は楽しみのみなのです。ではなぜ、その天人が「迷い」だといわれるのでしょうか。その最大の理由は、天人も無常の道理の中に置かれており、寿命があるからなのです。ただし天国には苦悪の要素は何も存在しませんから、天人は自分に寿命のあることを知ることができません。知れば、不安や苦痛を生むことになるからです。そこで天人の生命は、常に享楽の最中にありながら、あるとき突然、死に襲われるのです。ところで死体は腐敗します。それはまさしく穢れであり、他のものに不快の念を抱かせる要因になります。それは清浄なる天国で許されるべきことではありません。

そこで寿命の終わりに近づいた天人は、天国の道理として、ただ一人、だれの目にも見られないところに移され、今までの清らかな美しさは、見る見る穢れた醜い姿に転じ、天国から追放されることになるのです。その瞬間、天人は、楽しみの絶頂から苦悩のどん底へと転落します。天国から地獄へということですが、そのとき味わう天人の苦悩は、地獄のいかなる苦痛よりもなお深いとされるのです。このように天人には、無限の苦悩を受けるべき要因が残っているのです。この苦を有するがゆえに、天人は迷いだとされるのです。さて、ここで現代の臨終の姿に、いま一度目を移してみましょう。現代人の人生も天国に近づいています。豊かで楽しく快適な暮らしを送りながら、ある日突然、その人に死に至る病が襲いかかる。そして、その人が近代設備の整った病室にただ一人隔離される。そこで悶えている姿こそ、天人の死そのものだといえないでしょうか。

いま人が呪縛されているもの

私たちの人生で、最も惨めで悲惨なときが臨終です。しかも現代人は、過去世において、だれも経験しなかったような、まことに惨めな臨終を迎えようとしているのです。現代社会の目指す方向は、人間の欲望の充足なのです。心に嫌だなと感じる、苦の原因になる一切を取り除いて、これが欲しいと望まれる、快適で便利で豊かで楽しい生き方を、どんどん実現させている。だから私たちの目に映る現代社会は、非常に美しく明るく装っているといえます。惨めな死の姿は、ほとんど目にすることはありません。他人の臨終を見るかぎり、それがまさしく悲惨だとは、どうしても思えません。医学の粋を集めた病院で、完全なる看護が施されているのですから。だが、いざ自分がその臨終の場に置かれると、事態はまったく逆転してしまうのです。

自分は今まさに死なんとする状態に置かれています。つい今まで、自分の人生はバラ色そのもので、愉快に平和で充実した日々を送っていたのですが、今その一切が断ち切られて、ただ一人寒々としたベッドに臥している。あらゆる治療を施されながら、身心ともに一日一日と、ひどく衰えていく。体中が激しい痛みに苛まれる。今まで自分は、苦に耐えるという経験をしていない。何でも思うことが叶えられたのですから。けれども今はまったく逆であって、何一つ思いが叶えられないのです。自分自身は物事に耐える心を、まったく持っていないにもかかわらず、最悪の惨めな姿で、一切の苦痛に耐えなければならないのです。それはどうしようもない悲劇だとしか、いいようがありません。しかも周囲は、この私の苦痛を他人事として眺めるのみです。かつての自分がそうであったように、彼らは死そのものには無関心で、いたって明るく人生の楽しみを満喫しているのです。

このように現代人の人生を眺めてみますと、現代人のほとんどは、「生」という面からのみ、自分の人生を捉えているのではないかと思われます。だれでも自分自身の最終は、死に至るのだということを知っています。けれども、その死そのものを「生」の中で捉えているのです。なぜなら現代人が目にする人生のあり方は、いかに快適に明るく楽しく、臨終の瞬間まで充実した人生が送れるか、といった処世術のみだからです。どこまでも欲望を満たすためのみの、人生論が語られているのです。それは「死」そのものまで、欲望を満たす方向で語られているのです。老後をいかに健康で充実して過ごすか。そして、その向うに安らかな死を見ているといえるのです。もちろんこれはだれもが抱いている人間の願いであって、このような願いを持たない人などいないというべきでしょう。

けれども実際的には、全ての人間がそのような願いを持ちながら、その実現など、ありえないことです。だがそのありえない実現を、あたかもあるがごとく錯覚して、臨終の一念まで幸福に満たされた人生を夢見ているのが、まさに現代人の心だといえます。ここに現代人の呪縛された姿が見られます。どこまでも欲望を満たし続けようとする現代人の生き方。そのために、現代人はまず、科学の力に頼ります。科学の力こそ、かかる生き方を実現させるように思われるからです。そういった意味で、現代人の多くは、まず科学的な迷信に呪縛されることになります。ところが、その力によって得られた幸福も、あるとき突然、断ち切られます。死の影が不意に彼を襲うとき、科学の力の限界が露呈します。この場合、科学の力は、その人が求める幸福には、まったく役立ちません。

現代の文明社会の中では、人はすでに科学的なものの見方に慣らされてしまっています。道理にってものを見る。筋道を通し、原因と結果の法則に即して物事を考える。そのような理性的判断には強いのですが、その反面、理性的判断が成り立たないような場合は、非常に弱い心しか持ちえていないといわねばなりません。たとえば、友人と二人でドライブに出かけた。そこで事故に出遭ったとして、友人にはなんの怪我もなかったのに、自分は大怪我をした、といった場合です。なぜ自分だけが怪我をしたか。その原因がどれほど明確にわかったとしても、それで自分の心が癒されるわけではありません。なぜ自分だけがこのような不幸を背負うことになるのか。そしてそれ以後の人生が、完全に狂わされてきますと、その人にはもはや、理性的な生き方が成り立たなくなるのではないでしょうか。現代文明の科学的な生き方によって、その人は不幸のどん底に陥った。この不幸を破って、幸福を得るためにはどうすればよいのでしょうか。

科学の力によって幸福が得られないのだとすると、科学の力を超えた力を求めざるをえません。それは今まであまり気にもしていなかった、あるいは蔑視さえしていた、人間の力をはるかに超えた能力、神とか仏と呼ばれている霊力に、必死にしがみついてしまう。不可思議なる霊力に、一心の祈祷を捧げることによって、ふたたび幸福な人生を取り戻そうとする。そのような信仰的生き方がここに生まれます。健康に恵まれ、順風を受け、理性的判断のもとで人生を歩んでいるときは、まさしく馬鹿にしていた、その宗教的迷信による幸福の求めを、彼はいとも簡単に、一心に行うことになるのです。それは迷信によって呪縛されている姿だといわねばなりません。このように見ると、現代人は二種の呪縛によって、我が身を縛られていることになります。一つは科学の力によって幸福を得ようとする方向であり、他は、それが破れた場合で、信仰の力によって幸福を得ようとする、呪縛の姿です。結局その幸福の求めは、最終的には両者とも、完全に破れてしまうことになります。けれども、破れれば破れるほど、より一層、そのいずれかによって幸福を得ようとすることになりますから、現代人はその見えない力によって、ますます呪縛されていくことになるといわねばなりません。

親鸞の思想になぜ迷信がないのか

現代人にとっての最も悲惨な姿は臨終にほかなりません。楽しみいっぱいの幸福に満ちた人生が、あるとき突然破れ、自分の前に死の影が突如として現れる。まず科学の力によって、あらゆる手段を講じてその不幸を取り除こうとするのですが、なんの効果もありません。苦しみと衰えがひどくなる一方です。そこで神仏の力にしがみついて、その不幸をお祓いするのですが、これもまたなんの効果もありません。苦痛に加えて、言い知れぬ不安が募ってきます。この苦悩と恐怖におののく私の心は、その恐れに耐えることができません。これが今日の臨終を迎える人の、一般的姿だといえるのではないでしょうか。そこでだからこそ、この恐れおののく心に、安らぎを与えるために、周囲の人びとの力が、今ことに必要とせられているのです。ここに今日における、ビハーラやホスピスといった活動の重要性が求められます。だが現実的には、より多くの人びとは迷信的信仰の中で、呪縛を取り除こうとして、より一層その信仰に呪縛されているといえるかもしれません。

浄土真宗の教えに生かされている人びとに、「妙好人」と呼ばれる方がいます。今その人びとの臨終に注意してみたいのです。妙好人の臨終にも、その枕元に多くの人びとが集まっています。ところでその臨終において、心を乱し歎き悲しんでいるのは、死を迎えている妙好人ではなくて、むしろ周囲の人びとなのです。その無常を悲しんでいる人びとに、妙好人は静かに説法されています。この世の全ては不条理でしかありません。悪多く障り多きもののみの住み家だからです。常住な幸福な人生などありえないのです。だからこそ私たちには、無常を超えた無限の喜びが、我が心に開かれねばならないのです。私は念仏によってその心を得たのです。皆さまも念仏の教えに導かれ、無限の喜びに生かされる人生を歩んでください。そのような教えを説いて、淡々と臨終を迎えている。そのような生きざまを妙好人に見ることができるのです。妙好人は私たちと同じ凡夫にほかなりませんが、その凡夫が、釈尊や高僧たちとまったく同じ臨終を迎えることができているのです。それはなぜか。妙好人はすでに一切の呪縛から解放されているからだといえます。

私たちはいったい、根源的に何に呪縛されているのでしょうか。それは見えざるものの恐怖によってです。そして、その見えざるものとは、時間と空間にほかなりません。幸福に満たされている、今この私の存在が、いつどこで破綻させられるかわからない。未来に流れていく時間の構造を、私たちは見ることができません。またどこから不幸がやってくるか、その空間を見ることもできないのです。そこで、人はその見えざる力に恐れを抱くのですが、それは若き日の親鸞聖人も同様であったといえます。親鸞聖人は二十九歳のとき、比叡山での仏道に挫折しています。そこで山を下りて、法然上人のもとを訪ねることになるのですが、その理由を親鸞聖人の妻、恵信尼が「後世を祈って」と語っています。親鸞聖人は比叡山で生死出ずべき道を求めて、一心に仏道に励みますが、その解決が得られず、死後の自分の行く先に、無限に不安を募らせたのです。

ところが現存する親鸞聖人の著述は全て、親鸞聖人の獲信後に書かれたものばかりですが、そのどこを捜しても「後世の祈り」は見られないのです。親鸞聖人の思想には、そういった後世の幸福に対する祈りや、この世に漂う悪霊のお祓い、といった思想はまったく存在しないのです。不幸の根源ともいうべき、空間と時間を支配する、悪霊・魔力を恐れた痕跡が、まったく見出せないのです。獲信以前の親鸞聖人は、後世に対して無限の恐怖を抱きながら、獲信以後は、その恐怖が完全に断ち切られている。いわば未来の畏れと空間の悪霊に、がんじがらめに縛られていた親鸞聖人が、獲信によって、その呪縛から完全に解放されているのです。それは獲信によって、仏教が意味する因果の道理がわかったからだといえます。そうしますと、この「因果の道理」は、科学的に見られた原因と結果の法則とは大きく異なっているといわねばなりません。

では、獲信によって、親鸞聖人に何が起こったのでしょうか。一言でいえば、「念仏の真実」という因果の道理が、親鸞聖人自身の全人格的な場で、その瞬間、明確に信知されたということです。そしてその場で、古い親鸞聖人が死に、まったく新しい親鸞聖人が生まれたのです。ではその因果の道理とは何か。凡夫とは迷うのみで、その心には一片の真実心も存在しない。阿弥陀仏の大悲は、その凡夫を、念仏を通してただ一方的に救おうとされている。私が南無阿弥陀仏を称えている。その私の念仏の姿こそ、この私がすでに阿弥陀仏の大悲に摂取されているのだ、という真理が親鸞聖人に明らかになったのです。

「南無」の言

「南無阿弥陀仏」を称える。そこにこの私の救いの一切がある。といわれても、現代人一般の目から見れば、そのような「因果の道理」は、すぐには信じ難いといわねばなりません。南無阿弥陀仏とは、言うまでもなく、私自らが、阿弥陀仏に対して、礼拝し帰依して、心から阿弥陀仏を讃嘆し、一心にその浄土に生まれたいと願う心です。けれども、よし言葉として「南無阿弥陀仏」が、私の口から称えられたとしても、この私に、はたして阿弥陀という仏が信じられるのか、いわんやその浄土に生まれたいという心が起こるのか、私には大きな疑問になります。それは当然のことであって、阿弥陀仏や西方の浄土が信じ難いのは、今に始まったことではないからです。すでに釈尊の時代から、そして多くの高僧たちも、この問題に直面しているのです。

阿弥陀仏の浄土の教えは、まことにやさしい教えだといえます。阿弥陀仏の大悲を信じてその浄土に生まれたいと願えば、ただちに仏に成る、という教えだからです。言葉をかえれば、ただ念仏して仏になる、ということですが、ただし浄土の経典には、この行道は易行でありながら、この教えをそのごとく信じることは、難中の難であって、これ以上の難はないと、明確に記されているのです。したがって浄土の法門の、最も根本の問題は、いかにして阿弥陀仏を信じるか、ということにあるともいえるのであって、古代から現代まで、多くの高僧たちによって問い続けられてきた問題なのです。ことに理性的判断に頼っている現代人には、見ることのできない阿弥陀仏やその西方浄土の存在は、まさしく信じ難い問題だといわねばなりません。なぜ私たちにとって「南無阿弥陀仏」が全てだといえるのでしょうか。

このように問いが発せられますと、普通私たちはこれらの問題を、なんとか理性の範疇で理解できるように、一心に説明しようとします。「西方」とは日が没する方向で、それは非常に清浄で静寂な世界であり、一切の寂滅を私たちの心に抱かしめる。そこで、そこに私たちの最も理想の世界を建立し、その浄土の荘厳を通して、むしろ仏教の根本義である空とか涅槃の義を、ここに明らかにしようとしている。あるいは「阿弥陀」という名号は、光明無量・寿命無量という意味であり、それは無限の智慧と慈悲を象徴している。したがってこの仏は、無限の空間と無限の時間の一切を覆い尽くし、完全なる智慧と慈悲の功徳でもって、一切の衆生を摂取したまうのである。菩薩は自らの誓願を名号に託して仏に成る。されば仏の正覚は、そのまま名号の成就を意味し、名号には、その仏の功徳の全体が有せられる。名号が仏そのものと不二だといわれるのは、この点を指す。かくて一声の称名、「南無阿弥陀仏」が称せられるそのとき、このものの心は阿弥陀仏の功徳で満ち満ち、ここに彼の完全なる救いが成り立つことになるのです。

このように名号や浄土の真実性を、きわめて精緻に論ずることになるのですが、それがよし、いかに論理的に論ぜられたとしても、最終的にはやはり、知的理解に終わってしまうのではないでしょうか。なぜ名号が「名体不二」なのか。はたして私は、光明無量・寿命無量という仏を、私の全人格をなげうって信ぜられるのか。一心に念仏を称え、浄土に生まれたいと願う心が、この私に生じるであろうか。このような疑問が、かえって次々と生じることになるのではないかと思うのです。

ところで、浄土教におけるこの根本問題は、天親菩薩によってすでに解決されているのです。そして親鸞聖人は、その天親菩薩のみ教えに、まさしく、そのごとく信順されているのです。天親菩薩は『浄土論』の冒頭で、釈尊に対し自らの心を、「私は一心に、尽十方無礙光如来に帰命したてまつります」と表白されているのですが、この一言こそ、天親菩薩が、己が求道の究極において獲得せられた心にほかならないと、親鸞聖人は見られたからです。なぜ天親菩薩に阿弥陀仏に帰依するという心が成り立ったのでしょうか。

それは天親菩薩が仏道の中で、真に帰依するものを求められたからだといえます。私たちの仏道の第一歩は、この私を仏果に導く、仏と法と僧の、三つの真実に対する帰依に始まります。いわゆる三帰依なのですが、仏道における天親菩薩の最大の問題が、天親菩薩自身、いかなる仏と法と僧に帰依すべきか、であったのです。自ら真実の心で礼拝し帰命することのできる、その仏とはいかなる仏であるか。真にその仏を讃嘆し、まさにその仏の教えに従って、その仏と一体になることのできる仏とは、いかなる仏であるか。そして一切衆生と共に、その仏の浄土に生まれようと願いうる仏とは。それは完全なる真如そのものだといわねばなりませんが、その真如の智慧の相とは、何なのでしょうか。無量と無辺と無礙の光明に輝く仏ということになるのではないでしょうか。時間と空間の一切を覆い、その中のいかなる障礙をも問題にしないで、その全てに智慧の光を輝かせる。もしそのような仏に出遇うことができれば、そこにおのずから真の帰依が生じるはずです。

天親菩薩はなぜ「尽十方無礙光如来」と讃嘆され、その仏に帰命されたのか。それはまさしくかかる道理が、天親菩薩に明らかになったからだというべきでしょう。天親菩薩は「阿弥陀仏」がなぜ真実かを求められたのではないのです。自らが真に帰依しうる仏を究極まで求められたそのとき、そこに「尽十方無礙光」という如来が顕わになったのです。それゆえにこそ天親菩薩は、この尽十方無礙光如来と、その如来の法門である浄土の教えと、そしてこの教法を、この世で直接天親菩薩に教えられた釈尊に帰依されることになったのです。『浄土論』の冒頭で天親菩薩は、「世尊よ、我一心に、尽十方無礙光如来に帰命したてまつり、安楽国に生ぜんと願ず」と表白されていますが、この心こそ天親菩薩の全てであり、ここに天親菩薩の「南無阿弥陀仏」と称えている、一声の念仏の姿を見るのです。

一切の衆生にとって、自らの全てをなげうって、無条件で憑むことができる「法」が、もしあるとすれば、それはどのような「法」だというべきでしょうか。この宇宙の全体を無限に包んで、いかなる時、いかなる場においても、この私を無条件で摂取する、そのような法だといえるでしょう。そのような法の出現において、私ははじめて、私の全人格的な場で、その法を信じる、「南無」という一声の念仏が、私に称えられることになります。けれども、よく考えてみますと、私が「南無」できたということは、私が南無する以前に、すでに永遠の古より、この私を南無し続けていた、その「法」からのはたらきがあったからだといわねばなりません。法自体が大いなる願いをもって、私を摂取し続けていた、法の側からの「南無」のはたらきがあったからこそ、この私にその法を南無する心が生じたのだといえるのです。

親鸞聖人が称えた一声の念仏「南無阿弥陀仏」とは、まさしく親鸞聖人における、かかる「法」との出遇いであったのです。さて、親鸞聖人の信仰になぜ迷信的要素がまったくないのでしょうか。親鸞聖人自身がかかる法に包まれている以上、いかなる「ご利益」も、親鸞聖人にはまったく必要でなくなったからです。過去・現在・未来、いかなる時、いかなる場においても、何一つご利益を求める必要がない。だから一切のご利益信仰が、まったく問題にされていないのです。このような意味から、親鸞聖人の教えでは、迷信・俗信的な宗教は、根本的に否定されているのですが、それに加えて、求道的宗教も、祈願的宗教も、方便としては認めながらも、本来的には否定されるのです。いまこの場における「如実の信」があれば、そのような宗教もまた不必要になるからです。

なぜいま念仏か。この世が無常であるかぎり、私たちの人生の一切は不条理であり、不確かだといわねばなりません。その世の中で人びとは、確かな幸福な人生を得ようと一心に努力しています。多くの人びとは、科学の力によって、その幸福の実現を期待しているのですが、そこには限度があらわれます。そこでそれに加えて、人びとは宗教の力によって幸福になろうと願うのです。けれども、いずれにしても最終的には、それらの幸福の求めは、無残にも破れてしまいます。ここに現代人の悲劇が見られます。破れる幸福の求めではなくて、心そのものが無限に輝く法に生かされる。その法に生かされているもののみが、やはりこの現実を、一歩一歩、確かに歩みうるのではないでしょうか。

名ばかりの僧

親鸞思想の特徴

「名ばかりの僧」ということで、まず親鸞浄土教、親鸞聖人の教えの特徴は何かを考えてみます。これは、ひと言でいうと、「他力廻向」ということになります。全て阿弥陀仏の力によるという、そのような思想です。普通、「仏に成る」あるいは「神の国に生まれる」という「因」が求められるとき、自らの行い、自らの心の清らかさによって、仏に成る、あるいは神の国に生まれるのだと考えられています。いわば、このような考えが宗教の全て、宗教一般の考えだといえるのではないかと思います。

けれども親鸞聖人の教えの、非常に重要な特徴の一つは、仏に成るために、自分自身の心に真実清浄な心をつくって、行いをなして、仏に成るという、そのような考え方が、まったく存在しないというのが、親鸞思想の特徴であって、おそらく宗教の中でこのような考え方をしているのは、浄土真宗の教えだけだといえるのではないかと思います。

この場合、なぜそのような思想が生まれたのかということが、非常に重要になります。この点については、『教行信証』という書物の、いちばん最初の「総序」と呼ばれている序文に、次のように述べられています。

行に迷い信に惑い、心昏く識寡く、悪重く障り多きもの、（真聖全二、一頁）

といわれるのです。私たちは、仏道を行じながら、その行に、かえって自分自身が迷っている。心そのものが、いつもぐらぐらぐらぐらと揺れている。このような者は当然、さとりに到るような知識がなくて、悪ばかりを積み重ねているといわねばなりません。だからこそ、この愚かなる者は、ただ仏の教えに導かれるしかない。仏から与えられた南無阿弥陀仏を専ら称え、如来から廻向された信心を、ただ崇める。それが私たちにとっての、唯一の仏道だと、親鸞聖人はいわれているのです。

ではなぜ、このようなことをいわれたのでしょうか。それは親鸞聖人自身が、若き時代に、最も仏道に励んでいるそのときに、まさに行に迷い信に惑った。苦悩する心しかなかった、ということを意味していると、見ることができます。晩年、親鸞聖人自身が、どのようにして真実の信心に近づいたかという、その過程を語られているところがありますが、――一般的に「三願転入」と呼ばれている箇所です――そこでは自らが、まず行った行は何かといいますと、これは清らかな心をつくるための行道であったのです。そして、その清らかな心を、自分の往生の因として往生を願う。かかる心を成就するために、まず一生懸命に念仏に励まれたのです。

ところで、一生懸命に念仏行に励むのですが、清らかな心は、なかなか生まれてこない。清らかな心が生まれてこなければ、この念仏をいかに行じても、この行から、仏に成る因は生まれません。そこで、この行が成り立たなくなりますと、今度は自力の行を捨てて、阿弥陀仏にすがるしか仕方がなくなります。この場合は阿弥陀仏の本願力の救いを信じるのみになります。したがってこの場合は、一生懸命に弥陀の願力を信じるという心がなければなりません。真実の信心をもって念仏を称え往生を願う。そのような念仏行が次に求められたのです。だが、本当に阿弥陀仏を信じるという心が求められますと、やはりそのような心もまた生まれてこなかったのです。これが親鸞聖人の二十年間の、比叡山での仏道であって、最後に到達した心が結局、行に迷い信に惑って、どうしようもないような苦悩のどん底に落ちてしまったということになるのです。親鸞聖人が一心に行道に励んで、最後に到達した境地が「迷い」であったと、見ることができるのです。

法然上人との出遇い

その苦悩のどん底で、親鸞聖人は、一つの縁を得る。法然上人に出遇うのです。このとき、法然上人はいったい親鸞聖人に対して、何を語ったか。何を教えたかが、ここで大きな問題になります。親鸞聖人自身、今どのような状態なのでしょうか。仏道としての行を何一つ行うことができない、阿弥陀仏を信じる、その真実の信心をつくることもできないという、苦悩のどん底の状態で、親鸞聖人は法然上人の御前に跪いているのです。そのとき、法然上人がもし、親鸞聖人に向かって何らかの仏道を求めたとすれば、これは親鸞聖人は法然上人のもとを逃げるしか仕方がないといわねばなりません。

「お前の修行の仕方が悪いんだ。なぜこのような行ができないのか」といわれたとすれば、どうでしょうか。これは親鸞聖人が死に物狂いで行をした結果なのです。それが今駄目だといわれた。それであれば、これはもう自分は何もできないということになるのです。一生懸命に仏を信じようとした。信心を得ようと、命がけで努力したのです。その親鸞聖人に「その信心はなってないじゃないか」といわれたら、やはり、どうしようもなくなります。

だからこそこのとき、法然上人は親鸞聖人に対して、行じ方とか、信じ方をまったく何一つ求めなかったのです。では何を話されたのでしょうか。法然上人が念仏を称えます。それに合わせて親鸞聖人も念仏を称えます。そのお互いが称えている念仏について、あなたが称えているその南無阿弥陀仏が、阿弥陀仏があなたを救おうとしている姿なのだと、法然上人は語られたのです。阿弥陀仏がいちばん救おうとしているのは、実はあなたのように苦悩している、その人なのです。したがって阿弥陀仏の大悲心は、阿弥陀仏ご自身が、親鸞聖人を救うために向こうからやってくる。その姿が南無阿弥陀仏という念仏なのだと、法然上人が親鸞聖人に説法されたのだと思うのです。

親鸞の獲信

そのとき、苦悩している親鸞聖人は、仏教の本当の意味での真実の教えが、パッと、まさに瞬間的に、その全体がわかったのです。どういうことがわかったかということですが、自分が自分の力で仏をつかむのではなくて、仏が私をつかむのだ。私が仏に抱かれようとするのではなくて、阿弥陀仏が私を抱いているのだという、そのような仏教の根本構造というものを親鸞聖人は知ることができたのです。そこで、それ以後の親鸞聖人は、不可思議な往生という、往生の道を歩むようになります。では、その道で親鸞聖人には何が明らかになったのでしょうか。

私は二つの真実が明らかになったといえると思います。一つは自分の今の姿です。この自分の姿は、釈迦仏が亡くなってから、はるかに時間の経ったあとに生きる者の姿です。この時代が末法になるのですが、自分は今、末法の中に生きる愚かな凡夫だということがわかったのです。いま一つは、末法の中に生きる、このどうしようもない者は、ただ阿弥陀仏の本願力によるしか仏になる道はないということがわかったのだと思います。そうすると、いったい末法時代というのは、どのような時代であって、末法時代に生きる愚かな者は、どのような仏道を歩むべきかということが、ここで問われてくることになります。

末法の時代

では末法時代とはどのような時代かということになりますが、このことを説いている書物があるのです。そこでこの書物を通して、この問題を考えることにします。これは今日の歴史学の研究では、最澄の書物ではないとされているのですが、親鸞聖人は最澄の書物であると捉えて、その書物に依っているのです。それが『末法灯明記』です。末法の時代の灯明となる書物という意味で、『末法灯明記』と呼ばれるのですが、この書に末法時代の仏道の姿が、はっきりと書かれているのです。

『末法灯明記』は、次のような文に始まります。その国土において、仏法の真理を説くのは法王である。仏教者だというのです。私たちの国土で、本当に仏教を説くことができるのは仏法者だということになるのです。いうならば、お釈迦さまのみなのですが、お釈迦さまの教えをいただいた仏法者が、その国土で仏法を説くことができるのです。そして、その国土にあって、その国を治めるのは、仏法の教えに従い、その仏法を信じる心をもって国を治める、その人を国王というのですが、国の王が仏法をいただいて国を治める。この法王と国王という関係で、仏の教えと国を治める法律がピッタリと重なることになります。そうすると、その国は非常に栄えて、人びとの心が安らかになり、本当に素晴らしい国ができるといえます。さて、この両者の関係ですが、仏法を明らかにする法が真諦、国を治めていく法律が俗諦です。そこで真諦と俗諦が、きちっと重なれば、これはもう素晴らしいことで、その国は必ず繁栄すると、こういうことが『末法灯明記』のいちばん最初に書かれているのです。

そこで最澄の時代なのですが、そのころは日本でいうと桓武天皇の時代です。仏教が、今や栄えようとしている時代です。そこで桓武天皇は仏教の教えに従って、国の法律を定め、これは律令ですけれども、厳しい法律を定めて、そして国家を統治しようとするのです。そうすると、これはまさに真諦と俗諦がピッタリと重なり、国は非常に栄えることになるはずです。そこで最澄は、真諦と俗諦が重なっているその国に、今生まれているのですから、自分はもう、その法律をきちんと守るしかないと思い、一生懸命、律令に従って仏道に励むことになるのです。

仏教の教えによると、真諦と俗諦がきちっと重なれば、国土は安穏になり、仏法は栄え、人びとの心は安らかになって、国家が本当によく統一されていくと書かれています。ところが、それにもかかわらず、自分の心はまったく安らかでないというのです。自分は一生懸命、仏道に励んでいる。仏法の掟も守っている。だが心には何の安らかさもなく、しかも国土が乱れている。これが現実ですので、『末法灯明記』に、「これはいったいどうしたことか？」という文が次に続きます。

そこで、この疑問に対する答えが書かれるのです。世の中は、時とともに流れていく。仏法も同じであって、時代とともに流れていくのです。人間社会のありさまが、人間のものの考え方が、仏教の捉え方が、時代に従ってだんだんだんだん変わっていくことになります。そこで、その変わっていく仏教の教えを、社会の変化を、そして人の在り方を無視して、もしお釈迦さまのころのような考え方をもって、今の時代に、仏法による統治を行おうとすれば、これはもう錯覚としかいいようがありません。よく考えてみますと、今の時代、本当に仏道を行じている僧侶は、だれもいません。悟りを得ている僧侶がだれもいないとなりますと、この時代にはもはや真諦は成立しなくなるのです。真実の法を伝える人がいないのですから、真諦はこの世には存在しないのです。

とすれば、真諦が存在しない時代にあって、国王が仏法に則って国を治めるということはありえなくなります。だから、俗諦も存在しなくなるのです。だから、今の時代は、真諦も俗諦もまったく成り立たない時代だといわねばならないのです。ですからこの時代にあって、真諦と俗諦が重なって国が治まると考えること自体、まさしく錯覚だと言わざるを得ないのです。ではいったい、仏教は釈尊滅後、どのように姿を変えてきたのでしょうか。

末法時代の仏教

これは『大集経』という経典の中に書かれているのですが、仏教はだいたい百年ごとに、だんだんと姿を変えていくことになります。といっても、釈尊滅後五百年ぐらいの間は、お釈迦さまの影響力が強くて、悟りを開く人がまだ多くいるのです。ところが六百年を過ぎますと、次第に世の中が乱れてくるのです。けれども、六百年時代では、馬鳴という非常に勝れた仏法者が出て、その乱れを抑え、仏法を盛んにします。では七百年時代はどうか。この時代もまた、龍樹菩薩という方が出られて、邪な考え方を破り、仏法を正しい方向に戻すことになります。ところが八百年を過ぎますと、僧も尼も、心がだらけてしまって、仏果を得るための行道を行ずることが、ほとんど難しくなってしまうのです。そして、九百年を過ぎるとどうなるかというと、仏教者が国王、国の権力のもとに位してしまって、国の権力者によって、召し使いのように使われると書いています。私たちも今、国の法律によって召し使いのように使われているのですが、このことが仏滅後九百年を過ぎたころから始まっているのです。では、千年を過ぎるとどうなるのでしょうか。僧も尼も仏道を求めているのですが、非常に世俗的になって、欲望が抑えられなくなり、ほとんど俗人と同じようになってしまいます。だから、千百年を過ぎますと、結婚するものが出てくるというのです。婿をとったり、嫁をとったりするのです。千二百年を過ぎると、僧侶に子どもができるのです。千三百年を過ぎるとどうなるか。行道する心がだんだん低下しますと、外側を飾る。着るものが綺麗になるのです。だいたい、人間的に見劣りする者は、綺麗な衣を着ると、よく見えるのです。したがって、千三百年を過ぎますと、坊さんの衣が非常にきらびやかになるというのです。金銀をつけて、袈裟も衣も豪華になってしまうのです。千四百年になると、仏弟子たち、仏弟子というのは、僧も尼も在家の信者たちの全てですが、利益を得るために寺院の宝物を売ってしまうということが起こります。そして千五百年を過ぎると、お坊さんが争いを起こして殺し合いを始めると、こういうことが書かれているのです。

このように、時代とともに仏教のありさまが変わる。釈尊が亡くなってから千五百年を過ぎた流れの中で、このようなことが起こっているのだとしますと、これでは戒律が求められるような仏道は、成り立たなくなるといわねばなりません。戒律を守る人がなくなってしまうからです。したがって、破戒とか無戒とかいわれますが、破戒という場合は、戒律がまだあることになりますが、戒律がなくなれば、これはもう無戒になってしまいます。そこで、このような時代に、あるお坊さんが現れて、「自分はこのように修行に励んだ。だから、自分はすでに悟りの境地に達し、神通力を得ている」という、そのような修行僧が現れたとすれば、これはまことに奇妙なことであって、あたかも都会に虎が放たれたように、危険きわまりないことだと書かれているのです。

そういうことからしますと、現代社会に、さまざまな超能力者が出現する。覚者と称して大衆に関わるのですが、それはやはり危険だということになります。たとえば、オウム真理教がよい例です。空中を飛ぶということで、そのような人が出現することによって、結局、多くの人間が惑わされた。最終的には人殺しまで起きた。このような教団が仏教教団だということはありえません。だからもし、仏教者がいて、そのようなことを主張するとすれば、それこそおかしいと、こういうことになると思います。そうしますと、この末法時代では、全ての僧侶の心に真実清浄なる心がなくなって、何人も名ばかりの僧になってしまいます。まさにこれが末法の相だと、『末法灯明記』に記されているのです。

末法時代の僧

ところが、その『末法灯明記』では、この名ばかりの僧こそが、末法においては最高の宝であるといわれるのです。名ばかりの僧が、実は末法の時代の最高の宝だと書かれているのです。それはなぜか、ということが次の問題になります。そこで次のような例が引かれます。たとえば、金属でいちばん尊いのは金だといえます。けれども金がなければ、銀が最も尊くなるわけです。でも銀がなかったら、真鍮が尊くなってしまう。このように、だんだん金の類がなくなってきますと、結局、鉛でも最高の宝になってしまいます。

これを仏教でいうと、仏教でいちばん尊い宝は仏です。仏そのものが最高です。けれども、仏がこの世におられなければ、声聞とか縁覚、あるいは菩薩という方が、そのときの最高の宝になってしまいます。その菩薩がいなければ、一生懸命修行している清らかな聖者の僧が、やはり尊くなる。だが、そのような聖者が存在しなければ、せめて戒律を守り、心を清らかに保っている僧侶が最高になります。けれども、そのようなお坊さんまでいなくなってしまえば、結局最後は、名ばかりのお坊さんが残ることになるのですが、その名ばかりの僧が最高になるのです。

ここでこの点を、私たちは明確に押さえておく必要があります。現代、今の時代ですが、私たちの人間性を問題にしたとき、その人徳がまことに深い、あるいは知識がとても豊かである、心が澄んで清らかだ、人をよく指導することができるといった人間の勝れた徳性を見出して、そこで僧侶と俗人とを比較し、そこに差があるかを考えればよいと思います。両者にはまったく差がないといえるのではないでしょうか。教育とか学力を考えますと、人を導くのに、俗人と僧侶の間に差はないわけでして、人徳の深さとか知恵の大きさとか、そういう面でも、勝劣の差は全然ない。まったく同じだといえます。

僧と俗の違い

では、人徳や能力に差がないとすれば、いったい僧侶と俗人の違いはどこにあるのでしょうか。その違いはただ一つであって、僧侶の姿をしているかいないか、衣を着て袈裟をかけているか、いないかの違いだけなのです。衣を脱いでしまえば、そこには何も違いはないのです。世間の見る目もそうであって、衣を着ていればお坊さんで、衣を着ていなければお坊さんとは思わない。ただ衣によって判断するだけだ、ということになってしまいます。

では、世間はお坊さんに何を求めているのでしょうか。お坊さんに、世間が求めているものとは何かということですが、それはもう衣を着ることによって値打ちの出るものを、世間は僧侶に求めているのです。それは何かといいますと、仏法の儀式だということになります。あるいは、その仏教の儀式の中で、仏の教えを聞きたいと欲する心が、俗人の中にある場合もあるのです。人が亡くなりますと、その家族はただちに寺へ走って、「お葬式をしてほしい」と願われます。こういうことも僧の側に求められているわけです。あるいは、法要をしてほしい、墓参りをしてほしいと頼まれます。そしてその中で、日常生活の中で悩んでいる人、心が苦しんでいる人びとがまた、お坊さんに教えを聞きにくる場合がある。それは、衣を着ている僧を見て、聞きにくるのです。

そうしますと、名ばかりの僧が世間の人びとに対しては、仏の教えを説く善知識になります。この末法の世においても、仏教を説く側に、名ばかりの僧が存在していることになるのです。人びとが衣を見て僧のところにくるのです。それはその僧に、仏法の縁を求めていることになります。そのような重大なことが、名ばかりの僧のうえで起こっているのです。私たちはこの点を、きわめて注意して考えることが必要になるといわねばなりません。ここで親鸞聖人の次の言葉に目を向けたく思います。

親鸞聖人は法然上人のもとで流罪になります。流罪になったとき、自分自身は法難に遭って、僧儀を改めて、姓名、名前を賜って、遠流、流し者になったといわれるのです。そして、「しかれば、すでに僧にあらず俗にあらず」（『教行信証』「化身土巻」末）という言葉を残し、「禿」の字をもって姓として、「愚禿釈親鸞」と名のるのです。

ところで、この点を今日、一般的にどのように解釈しているでしょうか。自分は僧侶としての身分は剥奪されたが、心は清らかな僧侶だ、と受け取っているようです。けれども、このような捉え方はおかしいと思うのです。親鸞聖人の書物では、どこを読んでも、自分は僧侶として心は光っているとはいわれていない。そのようなことは、ひと言も出てこないのです。だから、この意味は逆になるのです。自分は国の権力によって僧籍を奪われてしまった。だが、「自分はどこまでも僧の衣を着るぞ」という決意だと思うのです。「法衣を纏い、一生、僧の姿を続ける。名ばかりの僧になるのだ」というのが、このときの親鸞聖人の決断でなければならないのです。

そうしますと、私たちもまた、やはり自分たちは名ばかりの僧であるという、この一点を動かしてはならない。一般的には、「お前は衣を着ていて、それでいて僧なのか？　なってないじゃないか。もっと僧らしく心を改めて……。掟を守り心を清らかにして仏事に励め」ということになります。けれどもこれを誤ると、自分が徳高き僧だと錯覚し、市に虎を放ったような坊さんになってしまうかもしれません。そうなれば、それこそ人を惑わすことになり、危険きわまりないといわねばなりません。ただし、その名ばかりの僧という自覚が、自分にとって非常に重いものにならなければならないのです。これが慚愧の心、自分の姿に恥じらいをもつという、そのような自分がここで生まれることを意味します。

名ばかりの僧

では、名ばかりの僧とはどういうことか。私たちが僧として人びとにできるただ一つの仏道は、人びとに対して、仏法の縁をできるだけ多く与えるということだけなのです。とすれば、そのような自分になっていくことが、名ばかりの僧になることだと思います。そうしますと、いま西本願寺が一生懸命に御影堂を修復しているのですけれども、あのような立派な本堂を建てるということが、仏縁をつくることになります。あるいは、位の高い僧侶や、裕福なお寺のお坊さんは、豪華な衣を着ます。そのお坊さんを見て、お参りした人びとは感激し、盛大な儀式に出会えた縁を、おおいに喜びます。けれども、このような仏事は、仏教の本来の姿から見れば外道なのです。だが今は、その外道の姿しかないのです。そのような外道的仏事を営むことによってのみ、人びとが集まってくることになるのです。だから、盛大な仏事が営まれることは、やはり素晴らしいことになります。そこに多くの人びとが集まってくることになるからです。ただし、そこで、偉そうな顔をするのではなく、その仏事において、名ばかりの僧であるという恥じらいが、重要になるのです。

ではここで、何が問われているのか。集まってきた人びとに、いま自分のしなければならないことは何かです。それはただ一つであって、念仏の真実を人びとに語る、それができるかどうかが問われることになるのです。しかもその念仏の真実を語るとき、人びとがその教えに耳を傾けるかどうかです。だれも聞かない教えなら、話しても意味はないからです。ですから、だれが今語っている念仏の教えを真剣に聞くかということが問題になります。ここで私たちははじめて、法然上人とか親鸞聖人、あるいは蓮如上人の前に、なぜそれほど多くの人びとが集まったのか。そしてなぜ、人びとはその教えに必死に耳を傾けたのかという根本問題が、問われることになります。この答えは明らかです。法然上人も親鸞聖人も、そして蓮如上人も、非常に深い人徳をもっていたからです。加えて、きわめて高い教養をもっていた。さらに、人を惹きつける温かい人間性があった。だからこそ人びとは、この方たちのところに集まってきて、ただ「念仏して救われよ」という教えを聞くことになるのです。

では、親鸞聖人たちがなされたことを、はたして私たちに実践できるかが問われることになります。これは私たちの日常生活の問題になります。私たちは俗人であって、俗生活しかできないのです。ただし、その俗人の中にあって、やっぱりきちんと俗の生活の中の規律を守るということが重要になってくると思います。そうなりますと、世間的にごまかしをしないことが大切になります。倫理的に正しい生活をするという基本ができていなければなりません。そのような人生の歩みの中で、人びとに尊敬される生き方ができてくることになるのです。そのうえで自分は僧侶の衣を着るのだという自覚が必要なのです。だから、外に賢善精進の相を出すのではありません。「俺はこのように戒律を守っているんだ。このように清らかな心で仏事を励んでいるんだ」と、威張ることではないのです。そうではなくて、僧の衣を着ることをしなければ人を集めることができないという、自分に恥じらいをもって、しかもそこに集まっている人びとに、その衣を通してどれだけ教えを語ることができるか、ということが、非常に重要になってくるのだと、考えることができるのではないかと思うのです。

ということになりますと、自分はせいぜい世間的な倫理しか守れない。名ばかりの最低の僧侶でしかないが、その最低の僧でありながら、最高の僧衣を着ているのだという、恥じらいと誇りですけれども、この二つの心をきちんともって、仏事を営むということが、私たち僧侶に問われてくる。そういうことからしますと、「名ばかりの僧」であるというのは、非常にすごいことだといわねばなりません。

生きることと死ぬこと

はじめに

私は今年の三月三十一日で定年になりました。今年の一月のはじめに、高等学校の同窓生から、四月のはじめに同窓会を開くという案内状を受け取りました。その案内状に、「卒業してから五十周年になる……」という言葉が書き添えてありました。龍谷大学の定年が六十八歳で、今年六十九歳になりますので、ちょうど高校卒業から五十周年を迎えるのだな、ということで、久しぶりに高等学校の同窓会に出席することにしました。そうすると面白いもので、五十年前の友だちに会うと、五十年前のことが、つい昨日のように思い出されるのです。私たちの世代は、私が小学校六年のとき終戦になっていますので、ちょうど戦争の前から終戦にかけての、一番ひどい時期に中学校、高等学校を過ごした時代です。私の家は和歌山で、戦争で焼けてしまったのですけれど、その焼け野原の中での貧しかった生活と重ねながら、高校時代の思い出を語り合いました。まあでも、そのころは自由自在で高校生活は実に面白かったので、いろんなことが話に出るのです。そのときはひどい生活をしていたのですけれども、学生時代は皆が生き生きとしていた。その姿をみんなで思い出しているのです。

ところが、その高等学校時代の話をしながら、現実に戻りますと、七十歳近い者ばかりが集まっていますので、話が急に「老いる」ということと「病む」ということと「死ぬ」ということになってくるのです。躍動している生の話と、そして死ぬことの話が同時に出てくるという、面白い経験をすることになったのですが、ところが私たちが根源的に考えていることは、その死ぬ話までをも含めて、結局生きるということしか考えていないのではないかと、そのとき思ったのです。七十歳近い者が集まって、老いとか病とか死ということを話し合っていながら、生きるという観点のみからそのことを話し合っている。そのような見方をしますと、人間というのは、つまるところ生きるという方向からしかものを見ることができない、ということになってしまいます。

仏教の人生観

このように、生きることしか考えることができないのが人間の基本なのですが、その中にあって、死そのものから自分たちの生きる姿を見つめた方がおられるのです。それが釈尊のものの見方になるのです。釈迦は生きる方向から人間を見たのではなくて、死そのものを踏まえて生を見た、唯一の人ではないかと思うのです。そのお釈迦さまの凄さはどこにあるのでしょうか。

高等学校から大学生のころは、人生における楽しみの頂点にあります。もちろん青年期の、いろいろな苦しみや悩みはあるのですが、基本的には若さの、楽しみの中にあるのです。

ところで、お釈迦さまが晩年に、自分の若かったころを回想しています。自分の若かったころは楽しみのみであったというのです。もし人間が幸福の頂点をきわめるとすれば、そのような幸福の頂点を自分はきわめていた、と回想されているのです。若さと健康と知能と生活の豊かさ、その全体の中で、自分はまさしく幸福の最中にあったといわれるのです。ところが、そのお釈迦さまが、ときどき嫌だと感じることがあった。どういうときに嫌だと感じたかというと、老いた方に会うと嫌だと思う。なぜ老いた方に会うと嫌だと思うのか。自分は今、若さを誇りに思っている。若さそのものが自分の生きる喜びとなっている。それゆえに、この若さに絶対きてはならないものがあるのです。それは老いであって、老いが若さに忍び寄ってきてはいけない。そこで若さに誇りをもっている者は、老いを見ると嫌だと思うことになります。ところが自分の人生を考えてみますと、老いを除いて自分の存在はありえない。たとえ世の中の一切の人が老いないとしても、自分だけは必ず老いる。そのような姿をもっているにもかかわらず、その老いを自分は嫌だと思っている。これはどうしたことかと考えたとき、若さに対する自分の誇りは消えてしまった。このように釈尊は回想されたのです。

同じように、病の人に会うと嫌だと思うといわれるのです。なぜ嫌だと思うのか。健康な者にとって一番きてはいけないものがある。それが病むということです。だから健康な者にとって最も嫌なことは病むことですから、病んだ方を見ると嫌だと思う。ところが病むということを除いて自分の人生はありません。たとえ一切の人びとが病まないとしても、自分だけは病むわけです。その病を自分は嫌だと思っている。これはおかしいわけです。このように考えますと、釈尊の健康の誇りは消えてしまったのです。

それから、亡くなった方を見ると嫌だと思う。なぜか、幸福の頂点にいる者にとって、最もきてはいけないもの、それは幸福の一切が破れて、死を迎えるということです。それゆえに、幸福の最中にある者にとっては、死は一番きてはいけないものなのです。ところがやはり、この死を除いて、自分の姿はないとなりますと、死そのものを排除している自分はおかしくなります。死を嫌だとは、どういうことか。

ここで生の根本矛盾が突きつめられることになり、若さと健康と幸福な生活にしがみついている自分に、根本的な疑問をいだかれた。それが、お釈迦さまの出家の動機だといわれています。

そういうことからすると、私たちは通常、生そのものからしか人生を眺められないのですが、やはり死という面を通して、生きるということを見ることも、また非常に重要になってきます。私たちは基本的には、生きるという面を通してしか死を見つめることはできない。けれども、死そのものから生を見るという見方もやはり非常に重要だと、このようにいえると思います。

生きるために必要なこと

ただし、その死そのものから生を見る前に、生きるとはいったいどういうことかを、まずしっかりと押さえておく必要があります。どこまでも生きることが私たちの基本で、その生きるためには、必ず三つの生き方が求められることになります。まず第一は「よい生活」をすることです。私たちの人生は、やはり豊かで快適なよい生活でなければなりません。それが人間として生きるための基本であると、このようにいえると思います。

けれども、そのよい生活の奥に、「正しい生活」がなければなりません。いくらよい生活をしていても、もし社会的に間違ったことをしていたのであれば困りますから、正しい生活をするということが、そのよい生活の根源になければならないのです。そしてさらに、その根源に「自分の心が安らか」であることが求められます。安らかな心をもって、正しい生活をして、しかもよい生活であるという、そのような三つの条件が、生きるうえでまことに重要だといえます。

それではまず、よい生活とはどういうことなのでしょうか。これは考えればすぐわかることで、皆さん方が大学で教育を受けているということは、自分自身が生きるための力をつけている。そのために大学で学んでいるのですから、よく生きるための実力をつけることが、まさに生きるための重要な条件であることはいうまでもないことです。それから経済的に豊かになる。これも生きるためには必要なことです。そのうえ、快適で便利で楽しい生活ができること、そして先ほどいいました、若さと健康を保っていることが、生きるためにまことに重要な条件になります。それに加えて世の中が平和で、平等で自由な社会をつくることができれば、これはもう、生きるための基本的条件がそろっているといえるのではないかと思います。ところが自分自身が、よい生活をするということと、社会全体が平和で平等の生活をするということとは、必ずしも重ならないのです。その点を考えてみたいと思います。

私たちの龍谷大学は、建学の精神をもっています。その建学の精神が、最近五つの項目によって、具体的に表現されることになりました。

（一）すべてのいのちを大切にする「平等」の精神
（二）真実を求め真実に生きる「自立」の精神
（三）常にわが身をかえりみる「内省」の精神
（四）生かされていることへの「感謝」の精神
（五）人類の対話と共存を願う「平和」の精神

平等の求め

以上の五項目ですが、その第一に「すべてのいのちを大切にする『平等』の精神」が掲げられます。すべての命を大切にするということは、生きものの全体を指すわけでして、植物も動物も全部ひっくるめて、その命を大切にするということです。これはまことに尊いことですが、難しいことだといわねばなりません。そこで全人類が本当に命を大切にし、平等になることがここで願われていると見ることができます。

ところで、昨年の暮れに出版されて、朝日新聞の「天声人語」で紹介され、よく読まれている、小さい書物ですけれども、『世界がもし一〇〇人の村だったら』という本があります。そこにはどのようなことが書かれているかというと、「二〇人は栄養が十分ではなく、一人は死にそうなほどである。けれども一五人は太りすぎている」というようなことが書かれています。

あるいは、「すべての富のうち、六人が五九パーセントを持っている。そしてその六人は、全部アメリカ合衆国の人である。七四人が三九パーセントの富を持っていて、残った二〇人が二パーセントの富を分けあっている」と、このようにも書かれています。

それから、「すべてのエネルギーのうち二〇人が八〇パーセントを使っている。あとの八〇人で二〇パーセントのエネルギーを使っている」とあります。また食物にしても、「七五人が食べるものがあるけれども、二五人はそうではない。そのうち一一人は、きれいな水さえ飲むことができない」と書かれているのです。

ここで何が問題になっているのか。これは環境問題を突きつめている人たちによって示された言葉で、文明の成長というものに、やはり限界がきているということを指摘しているのです。しかもそれが、だんだんと限界を超えつつあることが、ここで指摘されていると見ることができます。

そうしますと、私たちの生き方は、文明社会の中で生きていると考えられるのですが、その中で経済的に豊かであって、便利で快適な生活をしている。そして自由平等ということを求めて、それを実現するように努力している。それが私たちなのですが、そのような人びとは、全世界の中の二〇パーセントの集まりでしかないことになります。ではその平等をもし、全世界ということで求めたら、どうなるでしょうか。二〇パーセントの者で、すでに限界を超えるようなことをしているのです。それを今のままでの方向で平等を求めるとすれば、世界が破滅せざるを得なくなるのは当たり前のことになります。そうなりますと私たちにとって、平等ということは非常に重要なことなのですが、自分の立場を動かさないで、ただ自分の立場から平等を叫ぶとすれば、これは非常に危険であって、それでは真の平等にはならないと思います。そうしますと、建学の精神の「すべてのいのちを大切にする『平等』の精神」は、非常に重要なことで、すべての者が、かく求めねばならないのですが、文明社会が現状を維持したままで、生きるという面から、全世界の平等を求めますと、平等はおろか、人間社会そのものが崩れてしまう、といわなければならなくなるのです。

平和の求め

いまひとつ、これも建学の精神の五番目に掲げられている、「人類の対話と共存を願う『平和』の精神」についてです。これもまた非常に尊いことであって、これほど重要なことはないともいえます。ところが「人類の対話と共存を願う」ということと「平和」ということを願い求めたときに、つい最近の事件ですが、中国の瀋陽の日本総領事館の事件を思い出すといいと思います。この事件で日本の外交官が各方面から批判を浴びせられていますが、このような事件の中では常に、人道ということが問題にされますが、本当の意味で「人道」として事が運ばれているのか、ということになりますと、そうではなくて国のメンツがより表に強く出て、そのメンツを通して話し合いが行われている。国際法が出されてくるのですが、それが国家間の力関係で動いているように見える。とても人道とは思えない状態が、目の前で起こっています。そういうことからすると、対話を通して平和を願う、これは人間の願いです。願いですけれども、自分という立場を中心に置いて、そして自分の立場で平和を願うということになりますと、ここでも平和そのものが、根底から壊れてしまいます。

ここで、人間にとって正しい生活とは何かが問われることになります。人はすべからく倫理的に生きなければならない、という人間にとっての根源の問題が求められます。いったい、正しく生きるとはどういうことか、ということです。では、人間はなぜ正しいことをしなければならないのか。これは当たり前であって、人は一人で生きることはできません。他の者と共に生きなければ、人間としての生活は成り立ちません。であれば、他の者と生きるための規則が必要になり、それを守らなければならないとなりますと、お互いが倫理的に生きることが大切なのは当然です。けれどもより重要なのは、善を求めて生きる、善いことをすることが、実はその人の生きがいになるからです。この点を見落としてはなりません。私たちは悪いことをするより、善いことをすることに生きがいを感じている。したがって、人間という生きものは、基本的に善いことをしたいと願って生きているのです。善いことをしたいと願って生きていますから、善行を積むことが人生の喜びになるのです。だからこそ、お互い善いことをしている者が集まって、よりよい社会をつくろうと努力している。ところがどうでしょうか。このように人びとは、善きことをし、よき社会を願い合っていながら、不思議なことに、この世の中には悪が横溢している、悪いことがいっぱい起こっているのです。それはなぜかという問題が、ここで問われてきます。そこで再び、建学の精神に注意してみます。

省みる心

第三番目に「常にわが身をかえりみる『内省』の精神」、四番目に「生かされていることへの『感謝』の精神」という言葉が見られます。これは何を意味しているのか。私たちは通常、自分を中心に物事を考えているのですが、その自分のしていることが、はたして本当に正しいかどうかを深く見つめよという、そのような言葉が「内省」です。したがって、この内省する心は、単に、自分の行っている悪なる行為を見つめさせているのではなくて、私たちの意識は、常識的には常に自分は善をしているわけですから、その自分にとっての善を見つめさせている。それがはたして本当に善かどうかを見つめよ、とこの建学の精神は謳っているのです。そして同時に、生きるということは、自分が自分の力で生きているのではなくて、お互いが支え合って生かされている。その生かされているという事実を、私たちはどう見つめるべきかが問われているのです。他の力によって生かされていることを知る大切さが、感謝の心になるのです。

このように見ますと、「内省」も「感謝」も非常に重要な心になるのですが、「常にわが身を省みる」ということが、現実問題として自分の「生」にかかわるとき、はたして可能なのかどうかが、ここで問われなければならないのです。たとえば、現在中東で混乱が起こっています。そのときに、お互いが何を主張しているか。必ず自分が正しいといっている。しかも、わが身を省みて、どこまでも自分が正しいといっているのです。あるいは昨年ニューヨークで起こったテロの問題も、両者の側で正しいと主張し合っているのですが、このような場合、その正邪の規準は、あくまでも自分の国家の正義が規準になります。その正義に自分の国家の生存がかかっています。その自分の立場を踏まえて、はたして相手の主張に対して、本当に自分を省みることができるのかどうかが問われるのです。もちろん、生かされていることに対する感謝の精神は大切なことで、この心を捨ててしまっては大変なことになります。お互いが生かされていることへの感謝の心は、人間にとって非常に大切であることは、言うまでもありません。

けれども、私たちの命を奪い、殺しにくる相手に対して、感謝することができるかどうかということです。私たちの時代は、戦争中に鬼畜米英と教えられて、アメリカが鬼のように我々を襲ってくると思い込ませられました。そんな相手に感謝しなさいということは無理です。このように、相手を悪魔と見る見方が、現代のあらゆるところで起こっています。もし本当に、感謝をするという心が求められるのであれば、自分の命を奪いにくるような者に対しても、感謝の心がもてるかどうかまでをも問わなければ、意味がないということになるのです。そうなりますと、私たちは助けてもらった人には感謝しますが、敵に対して感謝するというようなことは不可能です。そして、この「内省」や「感謝」の心は、その心自体が非常に難しい問題を抱えていることになります。人間は、お互いが正しいことをしなければなりません。けれども人類は、その善意の全体の中にありながら、一切の人間は例外なく、根源的に間違いを犯さなければ生きていけないのだという、そういう面をもつことになります。であれば私たちはこの点を、はっきりつかまなければならない。そうなければ、「内省」や「感謝」そのものが、自己中心的に、自分の都合のよい方向に曲げられてしまいます。

安らぎの心

それからもう一つ最終的に、お互いが生きるということにおいて、安らかな心をもつということが重要だとされました。見た目にはどのように幸福そうであっても、内心常にイライラしていれば、よき人生とはいえません。安らかさをもつことが、やはり人生の根本になるのです。ところが安らかさをもつことは、本人の努力次第で実現できる。私たちは自分の力で安らかな心をつくることはできるのです。その安らかさをつくる基本の柱が、これもまた建学の精神にあげられているのです。先ほど学長がいわれたように、「真実を求め真実に生きる『自立』の精神」こそ、根源的に安らかさを保つことのできる心だといえます。自分は他者の支配を受けない。何事も自分の力、自分の判断で事を行う。そのような充実した思いのままの人生は、安らぎの心をもたらすことになりますが、それでも、その安らかさを保つことができるというのは、やはり環境がそのような状態をつくっているときのみ可能になるのです。もし環境が乱れれば、いくら安らかさをつくろうと思っても、これは無理になります。自立の精神は重要なのですが、その自立することが、もし独りよがりであれば、これもまた大変なことです。人は、他と関係しないでは生きることができない。それであれば、他との関係の中で、本当の意味での自立とは何かを、根本的に問い直さなければならないのです。しかもその自立が、もし自分の命を支えることだけに向けられていますと、命が絶たれるときには、これはもう根源的に砕かれてしまいます。

釈尊が明らかにしたこと

私たちは今、大学教育を受けています。その大学教育は、生きるための力を教えている。どこまでも生きるということを前提にしています。この生きるという面から見ると、龍谷大学の五つの建学の精神は立派な精神であって、生きるための確かな道標になっていることは間違いありません。けれども人間の不確かさ、ことに死という面を通してこれらの言葉を見つめると、五つの建学の精神は全て根底から砕かれてしまう可能性が、おおいにあるといわねばなりません。ここで釈尊がこの人間の根源の姿をどのように捉えたかが、問題になります。それは二つの真理を通して捉えています。一が諸行無常であり、二が諸法無我です。この二つの理念を通して、人間の根本真理が明らかにされているのです。

まず目を外に向けます。すると一切は寸時の休みもなく流れています。一つとしてとどまるものはない。この真理が「諸行無常」です。世界の一切が流れていて、これだけは確固不動だという物体はない。そこで今度は、その目を内に向けてみる。そうしますと自分自身も同じだということになります。自分もまた刻々と変化しており、自分の中に確固不動の「我」というものは存在しない。それが「諸法無我」という教えになります。宇宙の中の一切は常に流れており、その一切の中に、当然のことですが、自分が含まれています。自分の生は、まさに無常・無我であって、そこには何の確かさもない。これが生からではなく死という視点から見た自分の姿ということになるのです。

ところで、ここにもう一つ大切な真理が導かれることになります。私たちは諸行無常であり、諸法無我だと、いかに教えられても、その真理のごとく自分を見ることができないという真理です。それが「一切皆苦」という、もう一つの真理になります。なぜ私たちの人生は一切皆苦なのか。それは諸行無常、諸法無我という真理に対して、私たちは常に根源的に反逆しているからです。ここで「諸行無常・諸法無我」が釈尊の説く仏法の教えだとしますと、「一切皆苦」は、親鸞聖人によって明らかになった教えということになります。私たち一人ひとりは、各々、私という主体をもっています。そしてその主体を中心に、自分の確かさを求めて動いているのです。けれども確かさを得ようとすればするほど、逆に不確かな自分が露わになってくるのではないかと思います。その確かさの求めが「善」だとしますと、この根源的な不確かさこそ、親鸞聖人が明らかにされた「悪」の思想ということになります。

親鸞聖人の教え

さて、今いいましたように、大学での教育は、生きるために役立つ能力を育てている。どこまでも生の面が中心である点は動かすことはできないと思います。だから建学の精神に示された五つの項目は、その意味では十分意義があるといえるのですが、けれども龍谷大学の建学の精神は仏教の精神であり、しかも親鸞聖人の教えがその中心だとなりますと、人生を生きるという方向から見る見方だけではなく、いま一つ、その根源にある死という面からの人生を見る見方があることに注意しなければなりません。そのような人生観は、大学教育の中では成り立たないといわれるかもしれませんが、死を除いて人生はないとすれば、死という人間の真理を根源において、自らの生き方を見つめねばなりません。そしてそこに、どのような人生が映るかを問うことが求められます。

これは『歎異抄』の中の文章ですが、

煩悩具足の凡夫、火宅無常の世界は、よろづのことみなもてそらごとたわごと、まことあることなきに、（真聖全二、七九二～七九三頁）

と述べられています。もし、これを生きるという観点からのみ見ると、人間社会をこれほど馬鹿にした表現はないといえます。私たちの人間生活の全てが、みなそらごとたわごとであるとは、許されないことです。確かに許されないことなのですが、だがその自分の心をごまかさないで見つめていただきたいのです。するとそこに、自分の都合のいい方向にのみ生きようとしている自分が見えてくるはずです。しかも、そういう者が寄り集まって、私たちの社会をつくっているのです。そうしますと、自分自身も、社会環境も、その全てが、みなそらごと、たわごとにならざるを得ない、それがやはり人間の生きている、偽らざる姿だということになります。

これもまた親鸞聖人の言葉なのですが、『一念多念文意』という書物の中に、

無明煩悩われらがみにみちみちて、欲もおほく、いかりはらだち、そねみねたむこころおほくひまなくして、臨終の一念にいたるまで、とどまらず、きえず、たえずと、（真聖全二、六一八頁）

と述べられています。私たち愚かな凡夫は、生きているかぎり、死ぬ瞬間まで、煩悩だらけで、常に欲望の中で物事を考えている。だから自分に都合の悪いことは、みんな否定してしまう。いかり、はらだち、そねみ、ねたむ心が渦巻いている。そのような心しかもっていないのが人間だということになります。とすれば、このような心しかもっていない者が、今をどのように生きるかを、いま一つ根本的に問わなければならない。龍谷大学で教えていることは、九五パーセントから九九パーセントまでは、生きるという面を中心に教えているのだと考えていいと思います。けれどもその中にあって、ほんのわずかですけれども、その生き方を中心にする教育が、非常に恐い面をもっているのだということを教えているのも、龍谷大学なのです。そこに龍谷大学の建学の精神の大きな特徴があるのです。皆さん方が龍谷大学で学んでいる、根本問題の一つが、生きることの不確かさである点に注意していただきたいのです。

私は真宗学という学問をしているのですが、それであればその生を超える道は何かが、ここで問われることになります。これを私の専門的立場から答えますと、その生を超える道が念仏だ、ということになります。私たちの生の根源に、無限の大悲、阿弥陀仏の大悲がましますしてそ、の大悲に生かされていることを知って、私たちははじめて、自分自身の小さい「我」が破れるということを教えていいます。ここでは、そのような専門的なことを問題にしているのではありませんが、私たちは、人間としてお互いに、自分自身の小さな「我」をもっていることは事実です。この「我」をもってしか生きられないところに、私たちの人間苦があります。そうであれば、「これが俺だ」という小さな「我」を破って、無限に生きる世界があるということと、知るということは、やはり重要だと思います。必ずそのような生き方が必要になるからです。

私たちの一人ひとりは、宇宙全体から見ますと、一つ一つの小さな小さな粒です。その一つ一つの粒が全て、自分という「我」をもって、あれこれ苦しみながら生きているのです。ところでその一粒の私が、もし宇宙そのものになってしまえば、どうなるのでしょうか。宇宙の「主《ぬし》」になるのです。ここにそのような生き方があることに気づいてほしいのです。宇宙の全体に自分が融けこんでしまう。宇宙そのものになってしまうという生き方です。このような生き方は、生の確かさのみを追う方向からは生まれません。生の一切は、全て例外なしに惨めに終わるという、死から見た人生観においてのみ生まれるといえるのではないでしょうか。ここではじめて自分の小さな「我」を破る世界に気づかされます。そして、この自分の「我」を破る生き方が見出されたとき、その力を根源的にもつがゆえに、逆に人間として生きるという面が、大きく問い直される。生きる素晴らしさが、そこから改めて見出されることになるのです。

建学の精神として掲げられている五項目は、それはそれとして素晴らしいといえます。けれども、その示されている一つ一つが、人間の自己中心性の中で破られてしまう。しかも、それを破るのが自分だという、その悲歎の姿が親鸞聖人の見方になるのではないかと思います。人間がお互い、いかによく生きるべきかを問いますと、私たちは生の面、生きるという方向からしか人生を見ることができません。「死」さえ、生きる方向からしか見えないのです。けれども、それだけでは不十分です。自分自身の生の根源にある死を見つめる。その死の面から自分の人生を見るという見方が、いま一つ重要であるということを考えていただきたいと思います。

親鸞聖人の他力思想

他力本願から抜け出そう

「親鸞聖人の他力思想」ということで、親鸞思想にみる他力の意味を考えてみたいのですが、まず、ここで何を明らかにしようとしているかということになります。私たちは、他力本願という言葉を、使ったり聞いたりしていますが、一般に使われる場合は、概して本来の意味とは違った、間違った意味に使われているといわれています。そこで浄土真宗の側が非常に憤慨しまして、それは間違っていると抗議をします。けれども、ここではそういった、けしからんという方向からそれを見るのではなくて、なぜそのような間違った意味に使われているのかを、むしろ私自身の問題として、さらには、教団全体の信仰のあり方として、他力信仰の意を一度問うてみたいと、このように考えています。

二〇〇二年五月十六日の新聞に、オリンパス光学工業という会社が広告を出しました。朝日新聞と毎日新聞と読売新聞、それから産経新聞に出たと聞いていますが、それらの全国紙に、「他力本願から抜け出そう」という広告が出たのです。それに対しまして、本願寺はさっそく抗議をしました。二〇〇二年六月一日の「本願寺新報」で、「それは他力本願の誤用である」という抗議文を出したとされています。そして「本願寺新報」では、他力本願とはこういう意味だという説明がなされているのです。

その説明によりますと、他力本願は世間では普通、他人の力を借りる、他人に頼む、他人の力を当てにする、というふうに使っているが、そうではないとするのです。そして本当の意味は「阿弥陀仏の本願力を頼むことである」と、このように説明するのです。そこで、他人の力に頼るのと、本願力に頼るのと、どこがどう違うのかということになります。「本願力に頼る」といっても、その本願力は見えません。そうすると、「他人の力を当てにする」というほうが、よほどわかりやすくなります。ですから、いかに一心に「本願に頼ることだ」と説明しても、それではいったい本願力に頼るというのはどういうことなのかという、具体的な説明が抜けていたのでは、まったく意味をなしていないということになります。

そこで本願寺側の考えを抜きにしまして、オリンパス光学工業はどのような意図で「他力本願から抜け出そう」という広告を出したのかが問題になります。この会社はべつに本願寺を批判したわけではなく、現在の若者たちが陥っている面があるというのです。どういうところが今日の若者の問題点かといいますと、三無主義ということがいわれていますが、若者たちは、自分たちの仕事に対して無関心である、それから無感動である、無気力である。これが現代の若者の特徴だといわれるのです。したがって、そのような若者に我が会社に来てもらっては困るということで、「他力本願から抜け出そう」という広告を出したと、このように説明されるのです。

では、自分の会社に採用すべき若者に、そのような無関心・無感動・無気力な者は要らないということに、「他力本願から抜け出そう」という言葉をなぜ使ったかということが、ここで問題になります。この広告を出そうとするとき、その会社の人びとがイメージとして浮かべたもの、それがまさに本願寺の信者の方がたの姿であったと考えてみてはどうでしょうか。

私たちは、いま本願寺教団の中で、親鸞聖人のお育てをとおして阿弥陀仏信仰の導きを得ているのですが、その本願寺教団の人びとが阿弥陀仏信仰に対して、どのように関わっているかということになるのです。浄土真宗の人びとの宗教的な姿が、みんな阿弥陀仏信仰に対して無関心・無感動・無気力であるとしますと、他から見れば、「本願寺教団の信者の人びとというのは、だいたい阿弥陀仏信仰に対して無感動・無関心・無気力の方がたの集まりだ」と見られることになります。そこで「他力本願から抜け出そう」という広告が出されたとすれば、この広告そのものが、私たちに対しての大きな警鐘になっていると考えねばならなくなります。

祈り公認

その象徴的な出来事が、二〇〇二年十二月十日の毎日新聞の記事です。毎日新聞の第一面に「祈り公認」という大見出しに、「浄土真宗本願寺派」「宗教の原点——否定の歴史見直し」という中見出しの記事が載ったのです。だいたいの内容は、真宗はもともと合格祈願や無病息災といった現世の利益を求めない、祈らない宗教とされてきました。このことは、親鸞聖人の時代から、現世の欲望からくる祈りそのものを、雑行雑修という言葉で、非常に不純な動機で発する行為であると、否定されてきた歴史があるのです。そのことを踏まえて祈りを否定してきたのですが、本願寺教団の現在にかかわる教学を問題にしている教学研究所の所長さんが、本願寺の教学が、このように祈りを否定してきたことを問題にしまして、祈りにはもっと深いものがある。それは、宗教の原点であり本質だとしまして、「祈りとは、聖なるものと人間との内面的な魂の交流であって、あらゆる宗教の核心である。祈りの概念というのは単なる現世祈祷、現世のご利益を求めるというような心よりももっと広い。祈りのない宗教はありえない」ということを問題にしながら、祈りをもっと広い視野から考えるべきだ、ということをこの記事に書かれたのです。

この記事に対しまして、やはり本願寺教団は、「そうではない、浄土真宗は祈りのない宗教である」と主張されるのです。今年の二月三十日に、「本願寺新報」の第一面全体を使って、その説明がなされました。その題名が「浄土真宗は祈りなき宗教」という題で、大きく載りました。その論旨は、次のごとくです。

（1）一言でいえば、浄土真宗は「いのり」なき宗教である。
（2）衆生は祈って救われるのではなく、如来から願われて救われている。
（3）人間には真実心でもって祈る心はない。
（4）この道理を二種深信が教えている。

二種深信というのは、私たちに二つの真理をはっきり見よという教えなのです。一つは、人間というものはどこまでも迷い続けている。これが人間の本質です。そして他の一つが、凡夫は迷い続けているからこそ、如来の本願はその迷える者を一方的に救うのだということです。だから迷っている人間の姿と、その人間を救う本願の真理をはっきり見つめよ、ということを教えているのが二種深信です。その二種深信の教えを学べば、そういうことがよくわかるというのです。そこで、

（5）真宗が最も嫌うのは、自力の心であり、雑行雑修の祈りである。

（6）もし祈願請求の祈りを真宗教団に持ち込めば、他力信心の否定になる。

と、このように主張するのです。もちろん、

（7）親鸞聖人の手紙に書かれている「世のいのり」は、獲信後の報恩であって、獲信した者の心としては認められるが、浄土への祈願としての念仏は、絶対に認められない。

と、このように「本願寺新報」では、祈りに対する浄土真宗の立場を説明しているのです。

この「本願寺新報」に書かれている内容は、これはもちろん宗学のいちばん偉い方が書いていますので、真宗の教学から見た祈りの意味内容には、まったく誤りがないといえると思います。では問題はどこにあるのでしょうか。毎日新聞が提起した「祈り公認」という記事と、この「本願寺新報」の内容にズレが生じていることが問題になるのです。それはどういうことかといいますと、毎日新聞の内容は、本願寺が現世利益の祈りを認めたということを記事にしたのではないのです。本願寺が現世利益を認めたということではなくて、祈りという言葉にはもっと広い意味があるのだから、宗教的祈

りの本質を見落とせば他の宗教との関係がつきにくくなる。もう少し広い意味で祈りという行為を見ることが大切なのではないかという記事なのです。それに対して本願寺は、「浄土真宗には祈りはありえない。現世利益の祈りは絶対に認められない」と主張していますから、両者の内容はまったくズレてしまっているのです。

そこで毎日新聞の記事をとおして、祈りという宗教心をもっと広い立場で受けとめねばならない。この点を私たち真宗者は、やはり自分の問題として受けとめる必要があると思うのです。いったい私たちは今日、浄土真宗の教えを、どういうふうに教えられているのでしょうか。浄土真宗の教えは他力本願である。一切の救いは阿弥陀仏の本願力による。それゆえに、自力の念仏は駄目である。祈る必要はないと教えられています。さらに、信じるのは阿弥陀仏一仏であって、他は一切信じてはならない、拝んではならないと教えられているわけです。

それはそれでいいのですが、自力の念仏は駄目である、祈る必要がないということを念頭においてもらいまして、ではいったい私たちは、真宗者として毎日どのような宗教的な行いをしているかを、しばらく考えていただきたいのです。

いま、ここで講演が始まる前に、阿弥陀仏の尊前で手を合わせて頭を下げました。念仏の声はあまり聞こえませんでしたが、一応手を合わせて南無阿弥陀仏を称え、礼拝しました。その行為に対して、私たちはいったいどのような自覚をもったでしょうか。どのような宗教的意識をもって、手を合わせて拝んだかということを問うてみたいのです。もし私が皆さん方に、「いまどのような心で拝んだのですか」ということをお尋ねすると、戸惑われる方のほうが多いと思うのです。ただ無意識的に手を合わせて拝んでいるだけであって、そこでは何も意識されていない。求めることも祈ることもしていない。としますと、私たちはいったいどのような宗教的行為をしているのか、ということになります。

浄土真宗の宗教儀礼

そこで、浄土真宗の宗教儀式とは何かということを、ここで尋ねてみたいと思います。浄土教全体に共通する宗教儀礼は、五つの行為をせよといわれています。これを五念門行と呼びます。五念門行というのは、お釈迦さまが説かれている浄土の教えに信順していく。その浄土に生まれるための行為を意味します。一所懸命に、お釈迦さまが説かれた浄土の教えに従うと、行為が五つに分かれるのです。第一が礼拝、それから讃嘆、作願、観察、廻向という五つの行為です。礼拝とは何かといいますと、阿弥陀仏に帰命すること、阿弥陀仏に自分自身の全てをお任せしてしまう。阿弥陀仏に帰依し、阿弥陀仏の世界が私の帰り行く場だと念じる心が、頭を下げて礼拝している姿になります。讃嘆というのは、ここでは南無阿弥陀仏を称えることです。そして作願とは阿弥陀仏の浄土に往生したいと願う心になります。そこで観察とは何かということですが、私たちにとっての観察は、阿弥陀仏の教えを聞き、信じていくことだと考えればよいでしょう。阿弥陀仏の本尊の前で手を合わせ、南無阿弥陀仏を称え、そして頭を下げ、阿弥陀仏の浄土が私の全てであると念じるのが、礼拝と讃嘆と作願です。

そうしますと当然、なぜ私たちは阿弥陀仏に向かって手を合わせるのか、なぜ南無阿弥陀仏なのか、なぜ私にとって浄土が全てなのか、ということがここで問題になります。その意味を聞き続けることが観察だと、このように考えればいいと思います。

そうしますと、私たちの浄土教の宗教儀式というのは、手を合わせ、頭を下げて、南無阿弥陀仏と称え、阿弥陀仏を信じる。そして、その意味は何かということを問い続ける。問い続けた結果、まさに自分の全てが南無阿弥陀仏だけだとわかる。阿弥陀仏に救われる以外に自分の道はないということが、自分の全体で明らかになる。これが信じるということになるのです。わけのわからないものを信じるのではなくて、自分の宗教的行為の意義が確信される。これ以外に道はないということがはっきりする。それが信じるということです。

このような心が生じますと、自分は阿弥陀仏によって共に永遠に生かされているという自覚が湧いてきます。大きな喜びが、ここに生じます。その心が信心歓喜です。信じた者にとって、ここで何が起こっているか。自分は阿弥陀仏によって無限に生かされている。それを喜ぶ心が、ここで起こっているのです。悲しみという心は、独りで閉じこもってしまいます。それが悲しみの心の特徴です。それに対して、喜びは分かち合うのです。それが喜ぶ心の特徴です。たとえば勲章をもらった人は、その勲章をもらったことを、みんなで共に喜ぶ。喜びは、みんなに披露することによって、さらに大きくなるのです。

そうしますと、信心歓喜は、その信心が喜びとして現れているのですから、なぜこんな喜びができたのかということを、他の人びとと分かち合う。信心を他の人に伝えて、共に喜び合うという心が、ここに出てくるのです。これが廻向です。ですから、礼拝、讃嘆、作願、観察、廻向という五つの行為が、浄土教の全て、浄土真宗の教えの全てと、こういうことになります。

さてここで現実に戻って、私たちの日常生活を尋ねてみます。いったい私たちは、阿弥陀さまに手を合わせ、南無阿弥陀仏を称えて、どのような心がそこで生まれているのかということです。そこには、一つも感激がない。ただ頭を下げているだけです。阿弥陀さまに救われているとも、救ってほしいとも、なんとも思っていない。それが私たちの心だとなりますと、まさしく阿弥陀仏と私の関係、礼拝し、讃嘆し、作願しているその宗教的行為に対して、私たちは何の感動もしていない。何ら関心をもっていないし、無気力である。自分の宗教に対して積極的に関わろうとする姿が出ていない。とすると、浄土真宗の信者たちは、阿弥陀仏の信仰に対して、まさしく無関心・無感動・無気力であると、このように言われかねません。そのような信者の姿を見て、オリンパスという会社が、我が社の若者は「あのような姿になってはかなわん、他力本願から抜け出そう」という広告を出したとしますと、これはもう私たちに対する警告だと受けとめねばならなくなります。

そこで毎日新聞の記事を、いま一度問題にします。この記事には、「浄土真宗では、阿弥陀仏への感謝の心で念仏を称えるとき、浄土に往生して仏になることが決まるとされる」と書かれています。もしこの記事の中で唯一間違っているところがあるとしますと、いま読んだところです。

浄土真宗では、だれでもすぐに、「報恩の念仏」「感謝の念仏」が大切だといいます。しかし重要なことは、私たちにとって、往生が定まることです。阿弥陀仏の救いを信じ、往生が確かになることが大切なのです。それが獲信なのですが、獲信して、はじめて感謝の念仏を称えるのです。阿弥陀仏は皆さん方に、感謝の念仏を称えよ、救ってやる。そのようなことは決して誓われていません。救われていることが明らかになったとき、自然に感謝の心が出てくるのです。報恩の念仏とは、救われているからこそ称えられるのです。信心も何もなしに、阿弥陀さまと向かい合って知らん顔して無関心でいる者が、感謝の念仏など称えられるはずはありません。弥陀を信じないで、そのまま救われていることはないのです。

では、いったい、他力本願とはどのような教えなのでしょうか。ここで重要なことは、私たち教団人のだれが、はっきりと「信心をいただいている」といえるかということです。その信を覚知できる人などだれもいないとなりますと、私たちの教団の全体が、まだ信心をいただいていない者の集まりになるのではないでしょうか。そうなりますと、信心をいただいていない者にとって、念仏とは何か、阿弥陀仏を礼拝するとはどういうことか、阿弥陀仏と関わろうとするということはどういうことかということを問わなければ、これはもう宗教として、教えも何も成り立たなくなってしまいます。そこで親鸞聖人が説かれた阿弥陀仏の教え、他力とは、どのような意味かを、具体的に文にそって考えたいと思うのです。

他力本願とは何か

そこで、親鸞聖人の書物から他力本願という言葉が出てくる文について考えることにします。まず、

ただこれ自力にして他力の持つなし。（曇鸞『浄土論註』、「行巻」引文）

という文です。これは『教行信証』の「行巻」に引用されている曇鸞の言葉ですけれども、曇鸞大師という方は、私たちが仏になるには、阿弥陀仏の力によらねばならないということを基本的に明らかにされた方です。そのとき、この世で、なぜ私たちは仏道を歩むことが困難なのか。その理由を五つの項目によって説明しています。

その第一は、たとえば二人の行者がいて、非常に一所懸命に行をしている。そのうちの一人の行者は、「自分はこんなに素晴らしい行をしている。自分の行いに従った者は、このような功徳が得られる。自分の行に従えば本当に素晴らしいご利益を得ることができる」と吹聴しているとします。それに対してもう一人は、一所懸命にただ黙々と行をしている。どちらも仏教の行者のように見えるとしますと、では人びとは、どちらの行者の教えに従うでしょうか。ただ黙々と行をしている者のところに行くのではなく、「自分の教えは素晴らしい。この教えに従えば、必ずあなた方はご利益を得ます」というほうに、みな関わってしまうのです。ご利益を説くほうが偽者の行者さんだけれども、私たちは現世の功徳が得られる偽者のところに走ってしまうのです。そのとき、もしお釈迦さまがいて、

「こちらは正しい」「こちらは間違っている」と教えてくだされば、人はお釈迦さまの教えに従って、その偽者のところには行かないかもしれませんが、仏さまがいなかったら、やはりご利益が得られるほうに行ってしまう。これが人間なのです。そういう外道の行がいかにも仏教的に洗練されると、本当の仏教は潰れてしまうというのです。

第二は、今度は自分の功徳だけを求めている者ばかりが集まっている社会では、他のためにするという尊い行いは消えてしまうということになります。

第三は、仏道は深い反省をもたらす教えですが、反省のない者ばかりの社会では、真の仏道は成り立たなくなります。

第四は、見せかけの善を問題にします。政治家などの姿ですが、見せかけの善をひけらかして、「これが正しいのだ」といって社会が支配されますと、本当の清らかな善は潰れてしまうことになります。お釈迦さまが亡くなって無仏の時代になると、そのような間違った教えがはびこりますので、仏道は非常に難しくなるといわれるのです。そして最後に説かれているのが、この「他力の持つなし」です。どういう意味かといいますと、仏になるためには、自分の力のみでは不可能だということです。阿弥陀仏の本願力によらないかぎり仏になれない。けれども、その仏力を、だれも頼まない。だから仏になるのは難しい。それが「他力の持つなし」の意味です。

次は親鸞聖人の言葉ですが、『教行信証』の「行巻」に、

この行信に帰命すれば、摂取して捨てたまわず。故に阿弥陀仏と名づけたてまつる。これを他力

という。（真聖全二、三三頁）

と述べられています。少し難しくなりますが、「この行信に帰命すれば」の「行信」とは、南無阿弥陀仏のことです。ここで私たちを救おうとしている阿弥陀仏のお心と、阿弥陀仏のはたらきに、「帰命すれば」という私の心が問題になります。「すれば」とは、「したならば」という仮定の意ではなくて、「帰命するそのときに」という意味です。阿弥陀仏のはたらきである「行」と「信」に、帰命するそのときに、阿弥陀仏はその人を摂取して捨てたまわない。その仏さまを、阿弥陀仏と名づけるといわれるのです。したがって、摂取するとは、帰命しているその人を救う力のことで、それが「他力」だと説かれているのです。

もう一度いいますと、私たちは「他力」を問題にするとき、自分と関係なく、向こうに仏さまの力を眺めていますが、親鸞聖人の他力思想はそうではない。私と阿弥陀仏の関係なのです。阿弥陀仏に帰命するとき、帰命しているその人をお救いになるのが阿弥陀仏です。だから、私が阿弥陀仏を信じるということと、阿弥陀仏が私を摂取するということが重なるわけで、この道理を離れては、浄土真宗は成り立ちません。阿弥陀仏に帰命するその人をお救いになる仏を、阿弥陀仏と呼ぶのであって、その衆生を救う力を「他力」というのです。

そこで親鸞聖人は、同じく『教行信証』「行巻」に、

他力と言うは、如来の本願力なり。（真聖全二、三五頁）

と説かれています。その衆生を救っている力、それが他力なのですけれども、その他力こそが如来の

本願力であると、このように述べられるのです。

次は、親鸞聖人のお手紙です。今までの内容が、お手紙で説明されることになります。

浄土真宗のこころは、往生の根機に他力あり自力あり。（中略）まづ自力と申ことは、行者おのおのの縁にしたがひて、余の仏号を称念し、余の善根を修行して、わがみをたのみ、わがはからひのこころをもて、身口意のみだれごころをつくろい、めでたうしなして浄土へ往生せむとおもふを自力と申なり。また他力と申ことは、弥陀如来の御ちかひの中に、選択摂取したまへる第十八の念仏往生の本願を信楽するを他力と申なり。（『末燈鈔』真聖全二、六五八頁）

この文では、自力の意味はよくわかるのです。自分の力でいろいろな行をし、自分の心であれこれ考えて、自分の力で往生しようとする行為が自力だからです。

それに対して、「他力と申ことは、弥陀如来の御ちかひの中に、選択摂取したまへる第十八の念仏往生の本願を信楽するを他力と申なり」と述べられます。この意味は、何を言っているかよくわかりません。自力はよくわかるのですが、他力はどういうことか、すぐには理解できません。

この他力の意味は、阿弥陀仏が本願に、一切の衆生を救うという誓いを建てられている。その本願に誓われている阿弥陀仏の力を衆生が信楽すること、信じることが、他力だといわれているのです。だから、他力本願を信じることが他力になるのです。どういうことかといいますと、自分が本願と関わることを除いて、他力ということを論じても、無意味だということです。自力とは、自分で一所懸命に行をして仏になること、それが自力です。他力とは、もともとは阿弥陀仏が一切の衆生を救おうとされている本願力のことですが、その救おうとされている本願に自分が帰命する。その本願を信じ、本願力に乗じることが、また他力になるといわれているのです。

第十八願の誓い

では、阿弥陀仏は本願に何を誓われているかということです。これも『教行信証』の「行巻」と「信巻」に引用されている善導大師の言葉です。

弥陀の本弘誓願は、名号を称すること、下至十声聞等に及ぶまで、定んで往生を得しむと信知して、一念に至るに及ぶまで疑心有ることなし。（真聖全二、三四頁、五八頁）

という文です。ここでいちばん重要なことは、「定んで往生を得しむ」という言葉です。これは、親鸞聖人の独特な読み方になります。この読みから、阿弥陀仏は本願に何を誓っているかが導かれます。南無阿弥陀仏を称える。南無阿弥陀仏を聞くだけでもよい。その者を必ず往生させるという誓いが本願なのです。阿弥陀仏が念仏を称えるものを往生せしめるのです。だから本願の全体が、念仏する者を往生させるというはたらきそのものであるのです。

そして、これと同じ意味が、親鸞聖人のお手紙の中に出てきます。そこでは、

弥陀の本願とまふすは、名号をとなへんものをば極楽へむかへんとちかはせたまひたるを、ふかく信じてとなふるがめでたきことにて候なり。（『末燈鈔』真聖全二、六七二～六七三頁）

と述べられています。「ふかく信じて」の、その前が重要なのです。「弥陀の本願とまふすは、名号をとなへんものをば極楽へむかへん」と誓っている。名号を称える者を極楽に迎えるというのです。この弥陀の言葉を、私たちは、信じるということになるのです。阿弥陀仏は本願を成就されました。その本願の心は、本願を一所懸命に信じて、一心に念仏を称える者を救うという誓いを建てたのではないのです。考えてみてください。阿弥陀仏が衆生に対して、一心に信じて清らかな心で念仏を称えた者を救うと本願に誓われていれば、どうでしょうか。愚かな者は、だれ一人として本願に救われません。一所懸命信じなさいと誓われていれば、信じることができない者は、往生はできません。「清らかな心で念仏を称えなさい、救います」といわれれば、清らかな心で念仏を称えることができない者は、救われないわけです。したがって、そのようなことを本願に誓うはずはないのです。そうではなくて、弥陀は本願に、念仏を称えなさいとのみ誓っているのです。そのように誓って、その念仏によって救われなさいと願われているのです。これが、「名号をとなへんものを」救うという本願になります。要は、念仏を称えるしかないのだということがわかることです。それが信じるということです。信じるという心は、まず教えがあって、教えの内容があって、救うというはたらきがある。その真理が明らかになったとき、信心が成り立つのです。先に信心があって本願と関わるのではない。本願のはたらきが先にあって、信が出てくるのです。

そこで「本願」と「他力」の関係は、まず阿弥陀仏は本願に何を誓っているかといいますと、「念仏する衆生を必ず浄土に往生せしめる」という願いです。では、他力とは何かということになりますと、その本願を信じて念仏する衆生を必ず往生せしめるというはたらきになります。本願は念仏する者を救う。それに対して他力は、本願を信じ念仏する者を救うはたらきそのもの、その本願力が他力です。

そういうことからしますと、親鸞思想においては、自力とか、他力とか、信心とか、念仏とか、これら全ては阿弥陀仏の浄土に往生して仏になろうとする行業として論ぜられている。それ以外では論じていないのです。

第十八願の教えと難信

そこで現実に戻って、私たちと阿弥陀仏との関係を問うていただきたいと思うのです。なぜ、この他力本願の思想に、私たちはそれほど関心をもたないのか。阿弥陀仏が皆さん方に「念仏を称えなさい、必ず救います」という本願を建てられていると、私がこのように話したら、これを聞いた皆さん方は、本当は大いに歓喜しなければならないのです。救うということを阿弥陀さまが誓ってくれている。けれども、その阿弥陀仏の願いに対して、みんな知らん顔をして、「何言ってるんだ」ということになりますと、阿弥陀仏の本願と私たちの心は、今、かみ合っていない。触れ合っていないという状態になっているのです。なぜ「念仏を称えよ」という言葉に、私たちは喜びを感じないのか。阿弥陀仏が、「あなた方を浄土に生まれさせてあげる」という誓いの言葉を、私たちは学んでいるにもかかわらず、「浄土ってどこにあるのか」という疑問は生じても、「本当に浄土に生まれるんだ」という喜びが、なぜ自分自身の全体から湧き起こってこないのかということが、ここで問題になるのです。

ここで私たちの生き方を問い、浄土真宗の教えと自分たちの人生とを重ねてみることにします。私は今、阿弥陀仏の話をしているのですけれども、その話の全体と自分の人生を重ねてみるのです。そうすると、私たちの今を生きるという問題と、阿弥陀仏の救いとが、ほとんど重ならないのではないかと思うのです。今を生きるさまざまな思いの中で、この世で念仏が尊いのだという実感が出てこない。念仏の喜びが出てこないということは、自分の生きざまと念仏が関係していないことになります。そうすると私たちは、他力ということとまったく関係なく、浄土ということとも関係しないで、阿弥陀仏の本願や阿弥陀仏のお救いをまったく問題にしないで生きていることになります。ただ手を合わせて拝んでいるだけで、阿弥陀仏に対する宗教的な意識はありません。そこに信仰が生まれてくることなどありえないと思うのです。

現代人の幸福の求め

では私たちにとって、「生きる」とはどういうことかが、ここでの問題になります。私たちは今、人間として生きるために、何を必要としているかを考えてみます。

人間が生きるために必要なものは一つしかありません。生きるという面のみを考えれば、大切なものは一つです。自分の人生は幸福であればよい。これ以外に生きる意味はないのです。幸福に生きられればよいのです。そこで幸福な生き方となりますと、私たちはそれとストレートに関わってきますので、みんな必死になって学び、聞き、その幸福な人生を得ようと努力するのです。

ではいったい、幸福とは何かということになります。この点は、お釈迦さまがはっきり示されています。人間にとっていちばん重要なことは、若さを保つこと。それから若さを保って健康であること。そして健康であって、自分の願いが全て叶えられることです。これが幸福の全てだといえます。だから、自分自身がいつまでも若く元気であって、そして思っていることが叶えられて、ということは、豊かで楽しく、快適で和やかな生活ができるということが幸福な姿になるのです。

では、その幸福な生き方を、現代人は何に求めているのでしょうか。これははっきりいって、科学の力に求めているのです。宗教の力に求めているのではなくて、現代人の多くは、科学の恩恵によって幸福を得ようとしています。だから、この点については、みんな関心があって、若さを保つためにどうしたらいいかということになりますと、やはり科学的なはたらきをほしがるわけです。いつまでも老いないためにどうしたらいいか。病んでもすぐに治る。これも科学の力です。死も、科学によって、その恐怖をなくそうと思っているかもしれません。とにかく全て、科学の力によって幸福を得ようとしているのです。

ただし残念なことは、その科学によって幸福を得ようとしている者が、科学によって、とんでもない不幸に陥ることがあるのです。科学のおかげで幸福を得ようとしていたのに、逆に科学に裏切られて、科学のためにどうしようもない悲惨な人生となる。もし科学のおかげで国が潰れるということになれば、それこそ大変なことです。そうなりますと、科学の力によって幸福を得ようとしている人間が、科学を超えた力を求めようとします。ここではじめて宗教の救いが必要とされてくるのだと思うのです。

だから、現代のひとつの大きな問題点は、科学的な力によって救いを求めているけれども、その破れた者は宗教によって救いを求めようとしているということです。現代人にとっての宗教は、科学的な力の隙間を埋めているようなものだと、このように考えられるのではないかと思うのです。現代人の私たちが求めているものは、人生の幸福です。そうしますと、人生の幸福を科学によって求め、破れた者は宗教によって求めている。どちらにしても、人生の幸福を求めているのが、私たちの姿であるということになります。

祈りと宗教

では科学に破れて宗教に人生の幸福を求めようとするとき、その人びとが求める宗教とは何か。神さまの力であるとか、超能力の力であるとか、教祖の力であるとか、信仰の力であるとか、あるいは信者の力であるとか、目に見えない大きな力も含めて、いろいろな力に一所懸命に幸福を求めることになります。そうしますと、現在盛んな宗教は、ご利益をもたらす超能力とか、自分の力をはるかに超えた大きな神の力を説く宗教になります。その力にお願いして幸福を求めている。したがって、そのような宗教が盛んなのです。一方は科学の力に、もう一方は幸福をもたらす宗教に救いを求めているのです。では、浄土真宗は、なぜ無気力なのでしょうか。祈りとかご利益を説かないから元気がないのだと、こういうふうになるのかもしれません。

科学によって破れて不幸になった者が宗教を求めるとしますと、ではどのように宗教に救いを求めるのでしょうか。これはもう一所懸命に祈ることになります。自分の不幸を除き、何とかして幸福をくださいと祈るのです。そうしますと、一心に祈るという行為を抜きにして、宗教は存在しなくなります。

そこで、祈る心を問題にしますと、この祈りに二種の心を見ることができます。一つは世俗的な祈り、もう一つは宗教的な祈りです。世俗的な祈りとは、今いったように、科学によって破れた人が、神・仏に祈って、この不幸を何とかしてほしいと願うのが世俗的な祈りになります。そうしますと、世俗的な祈りによって願われることは、あくまでも世俗の幸福の求めがその中心になります。

しかし、この幸福には明らかに限界があります。お釈迦さまがいわれているように、人間はいかに若さを保ち、健康に注意して幸福な人生を過ごそうとしても、詰まるところ、老いて、病んで、死んでしまうからです。老いて、病んで、死んでしまうという無常の理そのものは、動きません。世俗的な幸福の求めは、結局やはり破れてしまいます。

とすると、科学に世俗的な幸福を求めても、詰まるところ破れてしまうし、宗教に世俗的な幸福を求めても、やはり詰まるところ破れてしまうことになります。どのように神・仏に一所懸命にお願いしても、最終的に死を免れることができない。それが私たちの姿だとしますと、究極のところで世俗の幸福は全て破れてしまうことになるわけです。

そのときに、はじめて真の意味での宗教的な祈りが求められることになります。ここには現世のご利益の求めはありません。自分の欲望の全てを投げ打って、ここで苦しんでいる、このように悩んでいる、このような不安の中にある、この私を救えという祈りが、究極的なところで生まれてくるのです。この心を宗教的祈りと考えたいのです。

そうしますと、宗教的な祈りの特徴は何かということになります。宗教的な祈りの特徴は、世俗の幸福の求めの全て、そういうものが全部破れてしまったところに出てくるのです。それは自分に残る最後の願いだといえます。そこでは世俗的な欲望が全部捨てられている。だから残っているのは、苦悩する自分しかないということになります。その苦悩する自分の心の全てを、神に向かって、「この私を救ってください」と祈るのです。この祈る者に対して、救うほうの神さまとか仏さまは、その苦悩する人の心の一切を見ていることになります。祈りの側からしますと、このように苦しんでいる心を見てください、この私を救ってくださいと祈るわけですから、神とか仏は、その心をお知りになっていなければ救いは成り立ちません。そこでは、自分の心が、神・仏の前にさらけ出されていますので、神・仏に対して自分をごまかす必要はなくなります。だから祈りには、人間同士に見られるような駆け引きや偽りの汚れた心は存在しないのです。ただひたすら「この私を救ってください」と、一心に祈る。ただひたすら純粋に祈る姿が、ここに見られることになるのです。

そういった意味で、宗教的祈りは、人間の最後に残る、きわめて純粋な、最も美しい心であるということができます。

祈りの破綻

ところが、ここに一つの大きな問題が生じます。今、科学による世俗的な幸福が破れ、神々に頼んでの世俗的な幸福が破れて、それらの一切を放ってしまって、一心にただひたすら仏さま・神さまに向かって、「この私を救ってください」という祈りを捧げている。これが人間に残る最後の心です。祈りがあるとかないとか、祈る必要があるのかないのか、といった問題ではありません。究極的にどん詰まりになりますと、人間はこのような必死の祈りしかないということです。

では、その必死の祈りの中に、はたして救いがあるのでしょうか。今いちばん悲惨な状態に置かれているわけで、「この私を救ってください」という願いが、自分の最後の叫びです。そのとき、そこに救いがあるのかということが、今の問題です。

このような状態のとき、人は「神も仏もない」と叫びます。自分にとってどうしようもない最悪の状態が、神も仏もないということです。けれども、その「神も仏もない」と叫んでいる人が、今いちばん欲しいのは、実は神さまとか仏さまの力であって、今こそ救ってほしいと願っているのです。けれども、「神も仏もない」と叫んでいる人には救いはありません。だから、いかに必死に祈ったとしても、究極的には惨めな終わりを迎えるしかない。これが人間の最後の姿になるのです。

そこで、この者にとって、はたして救いはあるかということが問われるのです。たとえば、山に登るということを考えますと、どのような高い山でも、努力をすれば登ることができます。それは山そのものが動かないからで、踏みしめる足場は動かないのです。だから、踏みしめて、上に登ることができる。私たちが「生きる」ことができるのは、明日に命があるからです。今日の命が動かないのです。そこで今日を足場にし、努力をして、明日に向かって生きるのです。したがって、今日よりも明日、さらに次の日と、良くなろう、幸福になろうとする願いそのものが、人間の生きる姿になるのです。だから人間として生きるためには、努力をする以外に道はないといえるのです。

ところが、山に登っている最中に、何か自分だけはぐれて、足を踏み外し、底のない泥沼の中に落ちたとします。このとき、努力が可能になるでしょうか。山に登るときは、努力をすると上に行きます。ところが、底のない沼にドボンと落ちたら、努力をしたら沈むのです。上に浮くのではなくて、沈むのです。これが死です。臨終を迎えている者には、生きるための努力は不可能なのです。努力をすると悪くなる。そして最終的に最悪になり、終わりということです。このような場では、いかに必死にもがいても、どうすることもできません。これが臨終と向き合っている自分の姿です。

そうなりますと、生きるときに必要なものと、死を前にしたときに必要になるものとは、全然違ってくるということになります。生きるときには努力が必要で、自分の力をたのみ、人びとと力を合わせて助け合っていくことが、生きるためには必要なことです。けれども、死を前にしたときは、それらは全て何の役にも立ちません。

そこでもう一度、底のない沼に落ちたときに救いはあるかという問題に戻ります。実は、ただ一つだけ救われる可能性があるのです。それはどういうことか。その方が非常に準備がよくて、山に登る装備だけではなく、自分がそのような沼地にズボンと落ちても、自分の体が浮くような浮き袋を持っていたら、これは助かることになります。ただし、これは沼に落ちる前に準備しておかないといけないのです。たとえば、太平洋の真ん中で遭難したとします。船が沈没すれば全員死んでしまいます。どんなに泳げる人でも、どのように力のある人でも、自力のみでは間違いなく死んでしまいます。ところが、その中に非常に用意のいい人がいて、絶対に沈むことのない浮き袋を持っていれば、どうでしょうか。あるいはそのとき、必ず助けを呼ぶことができる器具を持っていれば、遭難しても助かります。けれども、何の準備もなしに海の中にズボンと落ちたときは、いくら叫んでも仕方がないわけで、遭難したとき、どのような準備をしているかが重要になります。

祈りを必要としない宗教

そこで臨終の問題になります。もし、心に神・仏の信仰を何も持っていない人が、臨終のときに必死に祈っても、これは何の役にも立ちません。祈るということは、神・仏に対して「救ってほしい」

と願うことだからです。ただし、神・仏に一心に祈ったとしても、「救ってほしい」と願っている間は救われていないわけで、救われていないから「救ってほしい」と祈るのです。だから、臨終のときに、いかに一心に祈っても、救いはこないのです。

とすると、その臨終のときに祈るとか祈らないということは、問題でなくなります。自分の中に絶対に砕かれない無限の力が、そのときすでに宿っていれば、臨終のとき、祈る必要はありません。祈る祈らないにかかわらず、この人はすでに、無限の力の中で永遠に生かされているからです。ただし、この無限の力との出遇いは、幸福で元気なときでなければなりません。そうでないかぎり、臨終は惨めな心で死んでしまうだけです。

面白いことに、他力本願とか阿弥陀仏の救いは、何もしなくてもいい、何もしなくてもその人を救うという教えです。これを無条件の救いとも呼びますが、何も要らないというわけです。何も要らなかったら、何もしなくてもいいわけです。私の話など聞かなくても、テレビでも見ていればよい。いまワールド・シリーズをやっていますから、そのほうがよほど面白い。遊んでいても救ってくれるのなら、遊んでいればいいわけです。

けれども、何もしなくても救ってくれるといって、遊んでいられる人は、元気な人です。幸福であって、自分自身が遊んでいても何も苦労のない人なのです。

ところが、その人がある日、自分は必ず死ぬというような重い病気になる。とんでもない不幸な状態に陥ったとします。そうすると、「無条件で救ってくれるか、結構なことや」という心は、吹っ飛んでしまいます。必死になって神さまとか仏さまに助けを求め、「救ってくれ」と祈ることになります。無条件の救いを聞いているのであれば、このいちばん悲惨なときこそ、「ああ救われている」と喜んでいればいいのです。しかし、そのような心は絶対に起こりません。なぜならば、自分の今までの楽しみがひっくり返って、苦悩のどん底に落ち込むからです。苦悩のどん底に落ち込んだ者は、平気で楽しく遊んでいることはできません。そのときこそ必死になって、あらゆる手段を使って、死にもの狂いになって、何かにすがりつこうとする。これが楽しく遊んでいる者の姿です。この者にとっては、ただ空しくしがみついて、死んでしまうしかないのです。けれどもそのときに、「何も要らない、あなたを救っている」という教えにすでに出遇っている人は、その祈りは不要です。

阿弥陀仏の本願力、他力とは、信じる者を救うという教えです。そうであれば、信じなければ救われないということになります。

そこで、阿弥陀仏を信じるとは、どういうことかが問われます。そうなりますと、浄土真宗の教えは、これは何もしなくてもよいという教えではありえなくなります。なぜなら、結局私たちの姿は愚かな凡夫であって、自力ではからうしか能がないのです。そのような自力でくだらない心を持っている者が、必死になって阿弥陀仏を拝んだところで、たいした心で拝んでいるわけではありません。そういう者が、そのまま救われることはないのです。

だからこそ、なぜ自分は阿弥陀仏に手を合わせているのか。なぜ念仏なのか、なぜ浄土なのか、そのような問いを先に真剣に持たなければ、自分にとっての宗教的行為は、結局、何の意味もなくなります。自分の行為が自力とか他力とか、祈る必要があるか、ないか、そのような人間のはからいの心は、とりあえず全部捨ててしまったらいいのです。どうせ私たちはくだらない心しか持っていないからです。だから、くだらない心のままでいいのです。

私たちがこの世に住んでいるかぎり、最終的にどうしようもない姿になってしまう。この事実は動かすことのできない真理です。そのどうしようもない者に、もし救いがあるとすれば、やはり無条件で阿弥陀仏の本願力がこの者にこなければなりません。そしてこの者が、その大きな力に摂取されないかぎり救いはありません。だからこそ、その教えを私たちは今、必死に求めないといけないのです。

むすび

現代人は、だいたい宗教に関心がないですね。いわんや仏教に関心がない。浄土真宗にも、ほとんど関心を持っていないのです。その何も関心を持っていない人に、「何もしなくても救ってやる」といったら、「ああそうか」で終わってしまいます。その無関心な人が臨終に阿弥陀仏に救われることは、絶対にあり得ないのです。とすれば、やはり、なぜ宗教に関心を持たないことが間違っているのか。なぜ仏教でなければならないのか、その中でなぜ浄土真宗か、ということを、本当の意味で問い続け、求め続けねばならない。この求めがなければ、浄土真宗は、宗教でなくなると思います。

そういうことからしますと、私たちの教えは、もちろん一心の祈りによる救いではありません。けれども「そのような祈りはくだらん」といっても救われません。祈っても救われない、その祈る心が破れて、はじめて、この私を摂取する阿弥陀仏の本願に出遇うのです。ですから、その前に、祈らざるを得ない心になっている自分が、まずいなければなりません。そして、その必死の祈りの中に救いがないのだということに気づくことによって、はじめて祈ることを必要としない宗教に出遇うことになるのです。

その意味で、浄土真宗は非常に難しい宗教だといわねばなりません。祈りを必要としないからです。だからこそ、その意味を一所懸命に聞き続ける。本願を求め、念仏の真実を聞く。その求めそのものをなくさないことが、浄土真宗においていちばん大切なことになります。そしてその求めの中で、はじめて積極的にその教えを他に伝える努力が生まれると思います。だから、聞くという努力と同時に、他に伝えるという努力もしなければならないのです。

その全体が他力の思想だとしますと、他力本願は非常に積極的で力強くて、世に生きる力を示す教えだということになります。

それを、自分とは関係なしに、「ああ救ってくれるのだ」というふうに考えてしまいますと、結局、無気力・無関心・無感動な浄土真宗の信者の姿になってしまうのではないでしょうか。そういった意味で、親鸞聖人の他力思想を、もう一度考えていただければありがたいと思います。

Ⅱ　親鸞の念仏思想

親鸞浄土教の特徴

はじめに

親鸞聖人は法然上人を、真の仏道に自分を導いた、ただ一人の師として崇められています。したがって親鸞聖人の仏道は、ただ法然上人の教えに随って歩まれたといえるのであって、この意味では、両者の思想は完全に重なっているといわねばなりません。

ですが、法然上人の主著『選択集』と、親鸞聖人の主著『教行信証』を重ねてみますと、そこに大きな思想の開きが見られることも事実です。これをどのように説明すればよいのでしょうか。従来の真宗学では、この点が十分説明されていません。

そこで私は、法然上人と親鸞聖人の求道の過程を問いながら、次の諸点を通して、お二人の思想の、何が重なり、何が異なるかを考え、親鸞浄土教の特徴を明らかにしようと思います。

比叡山時代の法然の求道

『歎異抄』の第二条は、親鸞聖人の弟子が、関東から京都に命がけで上京し、念仏往生の道についての自分たちの疑問を、師の親鸞聖人に尋ねているところから始まります。その弟子たちの問いに親鸞聖人は、

親鸞におきては、ただ念仏して弥陀にたすけられまひらすべしと、よきひとのおほせをかふりて信ずるほかに別の子細なきなり。（真聖全二、七七四頁）

と答えられています。この「よきひと」とは、法然上人を指していますから、法然上人は常々、弟子たちに「ただ念仏して弥陀にたすけられよ」と語られていたことになり、親鸞聖人は、その法然上人の言葉を、ただ信じたことになります。「ただ信じた」とは、その「ただ念仏せよ」という教えを「ただ信じる」のですから、親鸞聖人の仏道は「ただ念仏のみ」の仏道であったと、うかがうことができます。

このように見ますと、法然上人も、ただ念仏して浄土に往生されたのであり、親鸞聖人もまた、ただ念仏するという往生浄土の道を歩まれたといえます。この意味では、お二人はまったく同じ念仏道を歩まれているのです。ただし、このお二人の間には、非常に大きな思想の開きが見られることも事実です。親鸞聖人の主著『教行信証』は、法然上人の主著『選択集』の思想を解釈した書物であると

されているのですが、法然上人の言葉は、「行巻」にほんの少し引用されているのみで、まったくと言ってよいほど、両著の内容は異なっています。

このことは一般的に、法然上人は念仏往生、親鸞聖人は信心往生だと捉えられて、それがそのまま、浄土宗と浄土真宗の違いだとされているのですが、いったいどこが重なり、どこが違うのか。これらの点をどのように考えればよいのかが、今、私が話そうとしている中心問題になっています。

法然上人も親鸞聖人も、これは間違いなく「南無阿弥陀仏」をただひたすら称えられている。そして、その一声の念仏が、まさしく称名する者を往生せしめる「往生の業」だという、念仏の真理に出遇われているのです。この意味では「念仏往生」という、まったく同じ真理の道を歩まれているのですが、その念仏思想に、どのような違いがあるのでしょうか。

私は、お二人の思想の、根本的ともいえる大きな違いは、往生の業としての「第十八願の念仏」に、真実、出遇われるまでの過程（プロセス）の違いに、その最大の原因があるといえるのではないかと思います。お二人はいったい、どのようにしてこの念仏に、真の意味で出遇われたのか。

一つの宗教的真理が、その人の心に開かれる瞬間を、「悟る、廻心する、獲信する」といった言葉で表現されます。ではその心は、その人の心に、いつ開かれるのでしょうか。それは、「たまたま」とか「時に応じて」、または「縁にふれて」といった表現しかできないのです。この書物が理解できたとき、あるいは何年間の修行を終えたとき、というように計画的に、あらかじめ時間や心の状態を計ることはできないのです。いつ、どのようなとき、その心が開かれるのか、求道者自身にもまったくわからない。悩み苦しみながら、懸命に努力して道を求めているうちに、まさに一つの縁に出遇って、ある瞬間にパッと心が開かれる。その瞬間が、迷いから悟りに転入する「境」になるのです。したがって、迷っている間は、悟りの心や獲信の内容は、何一つ書けないといわねばなりません。悟りの心をまったく知らないのですから、これは当然のことです。

そこで、悟り、廻心、獲信といった心は全て、その心が求道者に開かれて、はじめてその心の内実が明らかになるのですから、その心について語られる場合は、必ずその心が開かれたあと、ということになります。その心を得る方法を書いているうちに心が開かれるのではなくて、自分の心に開かれた宗教的真理は全て、それを得る行法までも含めて、得られてからのちに書かれるといわねばなりません。

したがって、その人の心に開かれた一つの宗教的真理が語られる場合、悟り、廻心、獲信といった心には、その人の全人格を根底から揺り動かした、ある宗教体験が、必ずそこに起こっているのです。そうしますと、その行者にとっての、廻心とか獲信が語られる場合は、これもまた必然的に、その獲信の瞬間の心のみが語られるのではなくて、その心を得るために、この時まで努力を積み重ねてきた、その行動の一切、これまでの体験の全てが、同時に明かされることになるといえます。いわば、これまでの求道の過程の全体が含まれて、一つの思想として表現されることになるのです。

『選択集』も『教行信証』も、まさしくそのような宗教的真理を語る書物です。とすれば、もしお二人の求道の過程が異なれば、「同じ真理」を語るとしても、その内容はおのずから大きく異なってきます。その真理に出遇うまでの過程が異なれば、その真理の、何について語りたいか、そのポイントにズレが生じることになるからです。何について最も語りたいかが異なることになるのです。

では法然上人は、この一声の念仏の真理に、どのようにして出遇われたのでしょうか。ここで法然上人の求道の歩みが求められることになります。そこでしばらく、法然上人が廻心されるまでの求道の跡を年表に従って尋ねることにします。

法然上人　一一三三年（長承二年）〜一二一二年（建暦二年）　八十歳

一一四七年（久安三年）　十五歳　比叡山で出家、皇円の指導を受ける。

一一五〇年（久安六年）　十八歳　黒谷の西塔に移り、叡空の教えを受ける。

一一五六年（保元元年）二十四歳　叡空のもとを離れ、約十年間、諸師を尋ね道を求める。

一一六六年（仁安元年）三十四歳　再び黒谷に帰る。ただし叡空に師事せず。ただ一人、黒谷の経蔵に籠って、『一切経』を読む。

一一七五年（承安五年）四十三歳　善導大師の文に出遇い、廻心する。

さて、法然上人が自らの意志で、真剣に仏道を求められたのは、十八歳のころ、叡空に師事してからだといえるのではないかと思います。叡空という方は、名利を断ち切って黒谷に隠遁し、ひたむきに修行された方で、戒律に厳しく、学識も豊かで、源信の『往生要集』を講義されたといわれています。法然房源空の「空」は、師の叡空の「空」の一字をもらったとされているのですが、それだけに法然上人は、叡空のもとで、戒律を守り、勉学に励み、一心に修行を重ねたと考えられるのです。

ところがどうしたことか、二十四歳のとき、叡空のもとを離れているのです。いったい、法然上人は叡空から何を学び、なぜ叡空から離れていったのか。叡空からの学びは、「戒律と念仏道」であったといえるのではないでしょうか。そして念仏は、『往生要集』の念仏であったと考えられます。この点はあまり注意されていないのですが、やはり、源信の『往生要集』の思想は、もっと注意されてよいのではないかと思います。この著は、当時の日本の思想界、仏教や文学に大きな影響を与えているからで、法然上人の時代、比叡山の念仏は『往生要集』の念仏思想が主流であったと見られます。したがって法然上人が求めた念仏は、『往生要集』の念仏であって、この念仏をとおして、善導大師の念仏に出遇ったと考えられます。

では叡空から離れた理由は何なのでしょうか。どうも『往生要集』に説かれている「念仏」の解釈をめぐってであるようです。比叡山においては、源信の影響力は強く、それだけに叡空も『往生要集』の講義をよくされたと考えられるのです。では『往生要集』には、どのような念仏が説かれているのでしょうか。

法然上人は『往生要集』の念仏を、「広・略・要」という三つの角度から捉えられています。「広」とは、『往生要集』はこの著の全体で、念仏による往生の道を勧めている、という見方です。次の「略」とは、その念仏の義を一言にまとめれば、「往生の業は念仏を本と為す」という言葉で表現できるとされるのです。そして最後の「要」とは、では念仏の中で、最も重要な念仏は何かということで、それは『無量寿経』の第十八願に誓われている「乃至十念」、すなわち十声の称名念仏であるとし、それゆえに『観無量寿経』では「極重の悪人は、ただ念仏して往生せよ」と教えられ、「雑略観」で、「たとえ念仏者は仏を見ることができなくとも、大悲は倦きことなく常に我を照らしたもう」と説かれていると述べられるのです。

ただし法然上人が、『往生要集』の念仏の構造を、このように捉えることができたのは、善導大師の念仏に出遇い、廻心した以後だといえますから、『往生要集』自体の念仏思想は、このような構造を持っているとはいえません。

では源信はこの著で、念仏思想をどのように説いているのでしょうか。『往生要集』は十章から成り立っています。その中の第四章「正修念仏」、第五章「助念方法」、第六章「別時念仏」に、念仏の行法が説かれているのですが、そこでは大きく二つの念仏が説かれていると見ることができます。二つとも往生を願う念仏なのですが、一つは聖道門的な念仏で、観念称念の行によって心を統一し、浄土の荘厳と阿弥陀仏の相好を見、究極的には、真如そのものと一体になるための念仏です。それに対して他の一つの念仏は、まさしく浄土門的な念仏で、称名念仏を称え、一心に臨終の往生を願う念仏です。

では『往生要集』では、この二種の念仏行のうち、いずれの行に重きが置かれているのでしょうか。これは言うまでもなく聖道門的な念仏だといえます。このことは源信自身がこの著の中でいわれているのです。通常の念仏には四つの種類があるというのです。一が定業、二が散業、三が有相業、四が無相業です。この中、最高の念仏が、第四の真如と一体になる念仏で、次に深い念仏が、心を統一して仏を観ずる、第一の定業の念仏、そしてその次が、いつでもどこでもよい、ほかの行為をしながらでもよい、常に仏を念ずるという、第二の散業の念仏だとされます。そうしますと、最も浅い念仏は、第三の有相業の念仏ということになります。この念仏が、浄土を念じ名号を称えて、ひたすら穢土を厭い浄土を求める念仏なのです。

ところで、法然上人が修行していたころ、その当時、比叡山ではどのような念仏が盛んであったのでしょうか。それは浄土教の称名念仏が圧倒的に盛んであったと考えられます。念仏行の究極は「無相業」の念仏であり、「定業」の念仏が、いかに深く尊い念仏であるとされても、行者にとってその念仏行の完成は、まことに困難であるといわねばなりません。とすれば、その行を完成させるための、導入となるべき念仏が、いまひとつ必要になります。それが浄土門独自の「散業」あるいは「有相業」と呼ばれる称名念仏です。そこで大衆にとっては、おのずからこの称名念仏が行ぜられ、比叡山では浄土教の称名念仏が盛んになっていたと考えられるのです。

さて、法然上人が叡空に師事していたころ、叡空は『往生要集』の講義をなさっています。そこで『往生要集』の念仏思想が語られることになるのですが、この講義においては、当然、この著の念仏義が講ぜられます。とすれば、『往生要集』の念仏思想の中心は、観念による心を統一する念仏だと語られたはずです。法然上人は、この講義を聞かれたのですが、ここで一つの大きな疑問が生じたのです。師の叡空は、『往生要集』の中心念仏は、観念念仏だと講ぜられている。しかし、この著が大衆に大きな影響を与えているのは、その念仏ではなくて、浄土教の称名念仏である。とすれば、『往生要集』が説く念仏の中心は、実は、観念念仏にあるのではなくて、もともと称名念仏にあるのではないかという疑問が生じ、念仏の根本義への問いが、法然上人に始まったのです。それが法然上人が二十四歳のころで、この念仏に関する疑問が、まず叡空に質問されたと考えられます。

もちろん叡空は、どこまでも伝統的な解釈によることになりますから、法然上人の問いを受けつけず、非常に立腹して、観念念仏こそが『往生要集』の中心念仏だと主張されます。かくて師の叡空と法然上人の間に、思想的に大きな軋轢が生じるのです。法然上人自身、師の講義にどうしても納得することができません。といって、ここではもはや、この疑問に対する答えは得られない。法然上人が二十四歳のとき、師のもとを離れたのは、このような理由によるのではないかと思います。二十四歳から三十四歳までの十年間は、求道の旅であったと考えられるのですが、各地の碩学諸師を訪ねたのは、この念仏についての根本疑問を問い質すためであったのです。

ですが、浄土教の称名念仏が、あらゆる念仏の中で最も尊く深く勝れた念仏だという、法然上人のこの疑問に、だれ一人として答えてくれなかったのです。高僧たちの答えは、いずれも叡空と同じであって、だれもが、その念仏は、念仏の中では最も劣っており、優れた念仏は、真如と一体になる念仏であると説かれるのです。諸師によっても疑問を解くことができませんでしたので、そこで再び、法然上人は黒谷に戻ることになります。法然上人は、称名念仏こそ最も優れた念仏であると確信しているのですが、だれ一人として、この疑問に答えてくれず、その確証がまったく得られないのです。法然上人を導く師が、だれもいないとなりますと、残された道はただ一つです。そこで法然上人は、一人で経蔵に籠り、『一切経』の中にその確証を求めたのです。それが三十四歳から四十三歳までの、法然上人の求道になります。

「称名念仏が最も尊く、この念仏のみが真実である。それはなぜか」、この根本問題を法然上人は二十年間、死にもの狂いで問い続けるのですが、あるとき突然、大地を震動させるような大音声となって、次の言葉が法然上人の心に響きわたったのです。

一心に弥陀の名号を専念して、行住坐臥、時節の久近を問わず、念念に捨てざるは、是を正定の業と名づく。彼の仏願に順ずるが故に。（真聖全一、五三八頁）

これは善導大師の言葉で、『観経疏』という書物の中の一文なのです。法然上人が念仏に疑問を持ったそのときから、この書物はすでに何回となく読んでいるはずです。それが、ある瞬間、まったく違った次元から、まさに仏の言葉として、法然上人の心に聞こえてきたのです。では、この言葉に出遇って、法然上人に明らかになった仏教の真理とは何か。

一心に「南無阿弥陀仏」を称えている。その称名念仏とは、法然上人を往生させるために、阿弥陀仏が本願に誓われている「行」だということが、明らかになったのです。阿弥陀仏は本願に、一切の行道の中からただ一つ、称名念仏を選び取り、その念仏を法然上人に称えさせている。「汝を往生せしめる」と、弥陀が浄土から法然上人に、お呼びになっている。そして、それゆえにこそ釈尊もまた、法然上人に「ただ念仏せよ」とお勧めになっている、という真理が法然上人に明らかになったのです。この声を聞いた瞬間が、法然上人にとっての廻心になります。

「南無阿弥陀仏」という一声の念仏が、仏願に順ずるがゆえに、往生のための正定の業である。この言葉によって法然上人は、称名念仏こそ最高の念仏であるとの確証を得ることになります。そうしますと、法然上人にとっての仏道、往生の業は、まさしく称名念仏の一行のみになるといわねばなりません。ここに、今までにない「浄土教」というまったく新しい仏教が生まれることになります。

そこで法然上人は、比叡山の仏教と決別し、山を出でて、吉水に草庵を結び、「選択本願念仏」という、称名念仏一行の、今までにない新しい仏教を広められることになったのです。

比叡山時代の親鸞の仏道

親鸞聖人　一一七三年（承安三年）～一二六二年（弘長二年）　九十歳

一一八一年（養和元年）　九歳　慈円の坊で出家、比叡山で仏道に。

一二〇一年（建仁元年）二十九歳　比叡山を出て六角堂に参籠、法然上人の弟子になる。

では、親鸞聖人は比叡山でどのような仏道を歩まれていたのでしょうか。これをうかがう資料は、今日ほとんど遺されていないのですが、ほんの少し、二つの文を見ることができます。一つは親鸞聖人自身の言葉で、一般に「三願転入」と呼ばれているのですが、『教行信証』の中で、自分は法然上人に出遇う以前、どのような仏道を求めたかが語られています。もう一つは親鸞聖人の妻、恵信尼の手紙に見るもので、これは末娘の覚信尼から親鸞聖人のご往生の報せを受け、そのご返事になる手紙ですが、ここで恵信尼は、若き日の親鸞聖人が比叡山で「堂僧」を勤められていたが、「後世」の問題がどうしても解決できず、山を下り、法然上人のもとを尋ねられたと、親鸞聖人の下山の理由が簡単に述べられているのです。「堂僧」とは、比叡山の常行三昧堂で勤める不断念仏衆だとされているのですが、そうしますと親鸞聖人は比叡山で一心に念仏行を行じていたことになります。

ところで、この恵信尼の手紙を見ますと、短い手紙なのですが、そこに「後世をいのる」といった言葉が繰り返し述べられているのです。したがいまして、親鸞聖人の比叡山での最大の関心事は、「後世」の問題であったことが知られます。では、それはいったい、どのようなことなのでしょうか。一言でいえば、「死後の不安」ということになるのですが、それは今日の私たちが考えている「不安」とは、根本的に違うといわねばなりません。私たちにとっては、未来は見えませんから、そこに不安を感じ、恐れを抱くことになります。だが親鸞聖人の場合は、そうではありません。仏道者は、はっきりと未来の自分を知ることができるからです。今、悟りの確証を得れば、二度と再び、迷いの世界をさ迷うことはない。けれどももし、その確証が得られなければ、再び永遠に迷い続けねばならない。だからこそ仏道を行じているのであって、一心の行道は、まさに悟りの確証を得るがためであったといえるのです。

親鸞聖人は比叡山で、常行三昧堂の堂僧であった。それは常に念仏を行じていたことを意味します。その親鸞聖人に「後世」が問題になったということは、親鸞聖人において、その念仏行で必ず仏になるという確証が、どうしても得られなかったということです。では親鸞聖人はどのような念仏を行じていたのでしょうか。当時の比叡山では、恵心流の念仏が盛んであったとすれば、やはり『往生要集』に説かれる念仏を一心に行じていたが、その念仏によって、必ず往生し仏果に至るという確証が得られなかったということになります。ここで、この親鸞聖人の行道が「三願転入」の念仏と重なります。

この三願転入の文の中で、親鸞聖人は三つの往生を語ります。一が双樹林下往生、二が難思往生、三が難思議往生です。この中、一と二が比叡山時代の往生の求めであり、三が法然上人との出遇いによって明らかになった往生浄土の道だと見ることができます。双樹林下往生の「双樹林」とは、釈尊が涅槃に入られた林の名前です。したがいまして、この往生が理想としている境地は、自分が臨終を迎えるとき、あたかも釈尊が入滅されたときのような、澄みきった心でありたい、ということではないかと思います。としますと、この念仏行は、まさに心を統一し清浄真実にするための念仏ということになります。そこで、この念仏を『往生要集』の念仏に重ねてみますと、「定業」と「散業」の念仏行が当てはまるといえます。「正修念仏」や「別時念仏」の尋常の別行として説かれている念仏ですが、これを『観無量寿経』に当てはめますと、定善の念仏または散善の上品の念仏が、双樹林下往生の念仏だといえるのではないでしょうか。

愚かな凡夫に、このような念仏が、完全に行ぜられるはずはありません。ほどなく親鸞聖人は、この念仏行に挫折します。そこで次に願われたのが、「難思往生」であったのです。「難思」とは、人間の知識では計り知ることができない、阿弥陀仏の浄土を一心に信じて、心からその浄土に生まれたいと願う往生の道です。としますと、それは「有相業」の念仏ということになります。この念仏は、阿弥陀仏の相好を念じ、名号を称え、ひとえに穢土を厭い、ただひたすら浄土を求める念仏だとされるのですが、『往生要集』の「念仏証拠」の文から見れば、『無量寿経』第十八願の「乃至十念」、『観無量寿経』下下品の「極重悪人の称名」、『阿弥陀経』往因段の「執持名号」の念仏が、「難思往生」の念仏だと見られます。ところが、この念仏もまた、親鸞聖人には成り立たなかったのです。

双樹林下往生の求めとは、親鸞聖人はこれを『観無量寿経』の教えであり、『無量寿経』の第十九願に適う念仏だとされているのですが、この念仏の中心は、どこまでも行道にあるのであって、一心に称念し観念して、心を清浄真実にする。その心を「因」として、往生を願う念仏です。そして親鸞聖人は、この念仏行に破れたのです。そこで難思往生を求めることになります。この往生は、第二十願に誓われ、『阿弥陀経』の教えに適う念仏だとされるのですが、そこでこの念仏にとって最も重要なことは、阿弥陀仏を信じる心だといえます。真実、穢土を厭い浄土を願う心が、自らの心に生じるためには、まさしく確固不動の、絶対に動じることのない信心が、この念仏者に確立されねばならないのです。

そこで親鸞聖人は、この最終的な心の拠りどころを得るために、一心に称名念仏を称え、阿弥陀仏の本願を信じて、ただひたすら往生を願ったのですが、悲しいことに、親鸞聖人の心には、必ず往生するという確証が、まったく得られなかったのです。比叡山での親鸞聖人にとって、「後世」の問題が最大の関心事であったとはこのことで、親鸞聖人自身、往生を願って一心に念仏を行じながら、結局、定業・散業の念仏に破れ、また本願を信じる信心が確立しなかった。比叡山での念仏行においては、懸命の努力にもかかわらず、結果的にはまったく逆に、どうすることもできない苦悩のどん底に、親鸞聖人は落ち込んでいったのです。

法然と親鸞——出遇いの場での念仏の構造——

親鸞聖人は今、行に破れ信に破れて、絶望の淵に沈んでいる。仏道が親鸞聖人自身の中で、完全に破綻してしまっているのです。恵信尼の手紙によりますと、親鸞聖人が法然上人に出遇う直前、六角堂に百か日、参籠したと書かれています。親鸞聖人が比叡山の仏教と決別した理由に、よく、山の仏教の堕落があげられますが、決して、そのようなことが原因であったのではありません。懸命なる仏道者にとっては、周囲の堕落など、まったく問題にならないのであって、親鸞聖人を襲ったこの苦悩の極限は、ただ進むことも退くこともできない、行道における迷いに依るものであったのです。このような中で、九十五日目の暁、聖徳太子の夢の告げを受けて、法然上人のもとを訪れることになるのです。

法然上人の御前に、親鸞聖人が跪いています。ここで何が起こっているのでしょうか。おそらく法然上人も親鸞聖人も、ただ「南無阿弥陀仏」と、称名念仏を称えられていると考えられます。そして今、称えているその念仏について、法然上人が親鸞聖人に、これが「選択本願の念仏」であると、その念仏の真実義を語り、親鸞聖人は法然上人から、その法の真実を一心に聞いている。「選択本願念仏」という念仏の真実を、一方はひたすら説法し、他方はただ一心にその教えを聴聞している。南無阿弥陀仏を中心に、説法と聴聞という関係が、ここに成り立っているのです。

ではその称名念仏について、法然上人は親鸞聖人に何を求めたのでしょうか。ここでことに注意しなければならないことは、称名行という行道に関して、法然上人は親鸞聖人に何も求めなかったということです。親鸞聖人が法然上人を訪れたとき、親鸞聖人の心は行に破れ信に破れ、往生行として一声の念仏も称えることができない、悲惨な状態に陥っていました。それは親鸞聖人が比叡山で怠惰な心で仏道を行じたからではありません。まったく逆なのです。親鸞聖人は生涯、仏道に関して、一点の過ちも許さなかったのですが、それだけに、若き日の親鸞聖人の修行は厳しく、自己に対して、絶対にごまかしのない、真実清浄なる心を求め続けられた。だからこそ行道の一切が破綻し、苦悩のどん底に陥ったのです。もしこの親鸞聖人に法然上人が、求道の怠惰性を叱咤したとすれば、どうでしょうか。親鸞聖人はただちに、法然上人のもとを去ったといわねばなりません。

したがって法然上人は、求道についての条件を、何一つ親鸞聖人には求めなかったのです。称名念仏について、称え方や信じ方に、まったく条件をつけなかった。なぜなら、もしその行道について何らかの条件をつけたとして、たとえそれがどのように些細な条件であったとしても、そのときの親鸞聖人は、その条件を満たせるような状態ではなかったからです。そこで法然上人は、淡々と、ただ「選択本願念仏」の真実のみを語られたのです。

阿弥陀仏は本願に、一切の衆生を救うための行として、仏道の全ての行業の中から、ただ一つ南無阿弥陀仏を選択して、それを衆生に与えられた。したがって阿弥陀仏は衆生に対して、常に「ただ念仏して弥陀に救われよ」と願い続けられているのである。だからこそ法然上人も、この本願の勅命に随って、ただ念仏しているにすぎない。称名念仏が唯一の往生の正定の業である。親鸞よ、あなたが今称えている、その「南無阿弥陀仏」がまさに、阿弥陀仏から願われている、正定の業なのです。ただ念仏する。そこに阿弥陀仏の救いがあるのです。

おそらくこの法然上人の説法が、親鸞聖人の心に、大音声となって響き渡ったのだと思われます。「南無阿弥陀仏」を称える。そこには信じ方や称え方はまったく問題になっていない。それは阿弥陀仏が親鸞聖人をお呼びになる声であって、阿弥陀仏ご自身が、親鸞聖人を救うために、大行となって親鸞聖人に来たっている。それが今称えている念仏であることを、このとき親鸞聖人は信知したのです。この瞬間が親鸞聖人にとって、信心を獲信するときなのですが、この獲信によって、一声の念仏の真理が、完全に親鸞聖人に明らかになったのです。

さてここで、親鸞聖人において「行」と「信」は、どのように関係しているでしょうか。それは、親鸞聖人はいかにして獲信したのか、かく親鸞聖人を獲信せしめた「行」とは何かという問題です。ここで再び、法然上人と親鸞聖人の関係が問題になります。今、親鸞聖人は法然上人の御前に跪いています。その親鸞聖人には、仏果に至るための行は、何一つ存在していません。その親鸞聖人に法然上人が、念仏の真実を説法しているのです。そしてその説法をただ聴聞して、親鸞聖人は獲信しているのです。としますと、ここで仏道としての行を、真実行じているのは、法然上人ということになります。法然上人の一方的な利他行によって、親鸞聖人は信を得ているのだからです。親鸞聖人は法然上人の浄土真実の行によって、阿弥陀仏の選択本願の行に出遇い、獲信したのです。これによって明らかなように、親鸞聖人における、往生浄土のための「行」と「信」の関係は、同一人の心の問題ではない、といわねばなりません。往生のために、一人の念仏者が、その念仏をいかに信じ行じるかということではないのです。行じる者と信じる者とは、別個の人間なのです。そして念仏行を真実行じることができるのは、獲信の念仏者のみであって、未信の、いまだ迷っている念仏者は、獲信の念仏者の説法を、真実聴聞することによって、はじめて獲信に導かれることになるのです。

『選択集』と『教行信証』の念仏思想

ここで最初の問いに戻ります。法然上人も親鸞聖人も、ただ念仏して浄土にお生まれになったのですが、そのお二人が、同じ念仏道を歩まれながら、その思想の、どこに違いが見られるのか。最大の違いは「獲信の構造」にあるといえるのではないでしょうか。法然上人は二十四歳のとき、今までの念仏の教えに根本的な疑問を抱きました。大衆は浄土教の称名念仏に導かれ、一心に念仏を称えて往生を願っている。けれども教義としては、その念仏は凡夫が行じる浅い念仏だという。なぜ大衆を救うこの念仏が浅い行なのだろうか。法然上人の二十四歳からの仏道は、ただこの疑問を解決するための行道であったのです。だがこの疑問に、だれも答えてくれませんでしたから、ただ一人で、悩み、苦しみ、考え、ひたすら学ぶ。その苦悩の求道が二十年間も続くのです。

ところが四十三歳のとき、善導大師の言葉に出遇って、廻心します。称名念仏は阿弥陀仏が本願に誓われている行である。阿弥陀仏は法然上人に、念仏して救われよと願われているのだ。称名が仏願に順じている行であるからこそ、ただ一つこの行が、往生のための正定の業となる。この善導大師の言葉によって、法然上人は、称名が最高に勝れて深い行であるとの、確証を得たのです。そこで法然上人は、「南無阿弥陀仏が往生の業であり、念仏が往生行のすべてだ」という一点を、『選択集』で明かされることになります。

『選択集』の中心は、「二行章」と「本願章」にあるとされているのですが、「二行章」では、仏道の行の一切を、称名念仏行とそれ以外の行の二つに大きく分けまして、称名念仏のみが往生の正定の業であると示されます。なぜなら「称名念仏は彼の仏の本願の行であるからで、このゆえにこれを修すれば、彼の仏願に乗じて、必ず往生を得る」のです。そこで称名念仏と他の行の「二行の得失」を、「親疎・近遠・有間無間・廻向不廻向・純雑」という五つの面より対比させて、念仏がいかに優れているかを論じます。「本願章」では、阿弥陀仏はなぜ称名念仏を本願に誓われたかを論証しているのですが、そこでは「勝と易」という二つの理由が導かれます。なぜ称名が勝であり、余行が劣であるのか。名号には阿弥陀仏の万徳が有せられているからです。このゆえに一声の称名が、よく仏果に至る行となるのであり、また称名はだれにでも行ぜられる易行であるがゆえに、阿弥陀仏は本願に誓われたのだと明かされます。結局、この本願を信じ、称名念仏一行を選んで、念仏往生すべきだと結ばれるのです。

親鸞聖人は二十九歳のとき、山での求道に挫折します。そこで法然上人に出遇い、獲信するのです。そうすると、法然上人は自らの行為によって廻心しているのですが、親鸞聖人は法然上人の行為によって獲信せしめられていることになります。ではここで、どのような違いが生じるのでしょうか。法然上人は自ら称えている念仏が、阿弥陀仏の本願に誓われている行だと信知したのですから、この行の自覚内容は、どこまでも自らの行ということになります。けれども、親鸞聖人はそうではありません。法然上人の行によって、阿弥陀仏の本願の行を信知せしめられたのだからです。したがってこの行の自覚内容は、他より来たる「はたらき」とならざるをえないのです。

『教行信証』の中心は「行巻」と「信巻」だといえます。では「行巻」に何が説かれているのでしょうか。親鸞聖人をして獲信せしめた「はたらき」が明かされるのです。親鸞聖人を獲信せしめたのは、法然上人の説法です。けれども、その法然上人は善導大師の教えによって廻心し、さらにその善導大師は、釈尊が説く浄土の教えによって、弥陀の本願に出遇っています。とすれば釈尊の、阿弥陀仏の本願を説く教法がなければ、親鸞聖人の獲信はありえなかったことになります。しかも、釈尊がこの世で仏になられたならば、必ず念仏の法門を讃嘆することまでが、阿弥陀仏の本願に誓われているのです。そこで親鸞聖人はこの第十七願を、釈尊が行じる浄土真実の行を誓う願だと見られて、この願の内実が「行巻」に説かれるのです。

したがって「行巻」の行は、往生するために行ずべき、親鸞聖人自身の行為性を説いているのではありません。称名念仏が往生の行なのですが、「行巻」では、その称名の信じ方や称え方が、一切問題にされないのは、そのためです。

そこで「行巻」はまず、釈尊の本願の念仏についての説法から始まります。念仏を称える、その南無阿弥陀仏が大行であって、それは阿弥陀仏が、一切の衆生を摂取するための「はたらき」である。したがって衆生は、その名号を聞いて信心歓喜するとき、その衆生は往生する。ただし、名号の真実を聞くことができるのは、本当に弥陀の救いを必要としている苦悩する衆生である、と説かれるのです。この念仏の教えの真実が、釈尊以後、浄土真宗で念仏の法の伝承者とされる、七人の高僧たちによって、順次、説き続けられます。そこでこの七高僧の、浄土の真実についての説法をも、親鸞聖人は釈尊と同じく、浄土真実の行と見られたのです。

このように釈尊および七高僧の「南無阿弥陀仏」についての説法が、「行巻」の思想ということになるのですが、では「信巻」には何が説かれているのでしょうか。「行巻」に説かれる念仏の教法を、衆生はいかに聞信することができるか、迷える衆生が獲信し、正定聚の機になる、その獲信の過程を明かすのが、「信巻」の内実ということになります。したがいまして「信巻」では、無条件で、苦悩する一切の衆生を摂取する阿弥陀仏の大悲心が、一方で繰り返し繰り返し語られながら、他方では、煩悩を具足する凡愚は、その仏の大悲心になかなか気づき得ない、その凡夫の心が、同時に問い続けられることになります。そこで「行巻」の内容は、救いの構造ですから、論理的に非常に明快に説かれていながら、それに対して「信巻」の内容は、自らの獲信を語ることになりますから、どうにもならない凡愚の苦悩する心が吐露され、論旨がいたるところで矛盾し、この巻はまことに難解になるのです。

むすび――念仏往生と信心往生――

さて、法然上人の仏道は、「ただ念仏して弥陀に救われる」という、称名念仏一行の仏道であったと見ることができます。『選択集』は、その念仏を語るのですが、その内容を、念仏を中心として描いた円だとしますと、『選択集』はどこを開いても、その念仏の真実を明かそうとしている書物だといえるのではないでしょうか。

ところが『教行信証』は、二つの中心を持つ書物になるのです。一つは「行巻」であり、他は「信巻」なのですが、両者の思想は、同一の境位にあるのではありません。「行巻」の行は、すでに悟りを得た者の念仏行であって、それは未信者に対する、この念仏者の説法という行為と、その法の内実を示しているのです。それに対して「信巻」の信は、その説法を聴聞する未信者の心の問題であり、その未信者がいかに獲信するかが明かされるのです。したがいまして、救いの法とその伝承ということに重点を置けば、その中心は「行巻」にあることになり、また、自らの獲信を問うのであれば、これはもう、その中心は「信巻」だといわねばなりません。

『選択集』が、中心点が一つである円だとしますと、『教行信証』の内容は、二つの中心点を持つ楕円形になります。

ところで、今日の真宗教学では、親鸞聖人の念仏思想、この行と信の問題が、非常に煩瑣で難解になっているのですが、それは境位を異にしている「行巻」と「信巻」の思想を同一の地平で捉え、往生を得るための、一人の人間の信心と念仏の問題として語ろうとしているからではないかと思います。そこで「行巻」と「信巻」の関係に矛盾が生じ、そこに無理に筋を通そうとして、まことに煩瑣な宗学を創ってしまったのです。

さて、法然上人は「ただ念仏して弥陀に救われよ」と説法され、自らも念仏を称え続けられました。まさしく「念仏往生」一筋の道を歩まれた方だといえます。

ところが親鸞聖人は、その法然上人の教えを聞き、獲信して往生の証果を得たのです。この点から見れば、親鸞聖人においては「信心往生」ということになります。

ただし獲信後の親鸞聖人は、法然上人と同じく、弟子たちに対して、自ら念仏を喜びながら、「ただ念仏して弥陀に救われよ」と語られています。この意味からすれば、親鸞聖人もまた、「念仏往生」という一筋の道を歩まれているのです。

親鸞聖人のこの「信心往生」と「念仏往生」について、親鸞聖人は最初、信心往生であったが、晩年、念仏往生になられたという見方があるのですが、そのようなことはありません。親鸞思想においては、一貫して、「往生の業」はただ念仏であり、「往生の因」はただ信心です。自らの往生の因は、ただ信心によりますから、親鸞思想の全ては信心往生です。けれどもその信心は、「念仏往生」の法門を聞くことによって得られたのですから、親鸞聖人の生涯は、同時に、念仏往生の道であったのです。

親鸞にみる往生浄土の思想

はじめに

いま、親鸞聖人は「往生・浄土」をどのように理解したかという論題が与えられている。これを論じる場合、ほぼ次の四点に論を絞ることができる。

一、いかなる行によって浄土に往生するか。
二、その往生はいつ決定するか。
三、生まれるべき浄土とはいかなる場か。
四、往生した衆生はそこでいかなる仏道をなすか。

これらの問題が、親鸞聖人の主著『顕浄土真実教行証文類』（以下『教行信証』）で論ぜられている。この書は「教・行・信・証・真仏土・化身土」の六巻から成り立っている。この中、第一の問題は、「教・行・信」の各巻で、第二と第四は「信と証」の巻で、第三は「真仏土と化身土」の巻で、その内実が明かされている。

ところで親鸞思想の大きな特徴は、行道に関して、往生行の成就に時間の流れをもたない点にある。

周知のごとく、仏教は「教・行・証」の三つの綱格をもっている。釈尊の教えを、信じ行じて、証果に至るのである。ここで衆生にとって最も重要なことは、「信じ行じる」行道にあることはいうまでもない。仏道とは、釈尊の教えをそのごとく一心に信じ、懸命に行道に励み、その行を相続して、最終的に自らの心を清浄にし、証果を得るのだからである。したがって、一心の行の相続がなければ証果は得られない。ゆえに、行道という時間の流れをもたない仏教は、本来的にありえない。にもかかわらず親鸞聖人の往生思想は、行道に時間の流れをなぜもたないのだろうか。

親鸞聖人の思想は、法然上人との出遇いを除いては考えられない。さらにいえば、その一切が法然上人から受けた教えによっている。そこで重要なのは、親鸞聖人が法然上人に出遇う以前に、いかなる仏道を行じていたかにある。親鸞聖人は比叡山で源信流の天台浄土教を行じていた。それは一心に浄土の教えを信じ、ただひたすら懸命に念仏を称えて心を清浄にし、真実の心で往生を願う行道である。その念仏行を一心に行じていたのである[1]。

ではその結果はどうであったか。行道は願いのごとく成就せず、願いとは逆に、行が完全に破綻し、苦悩のどん底に陥り、その最も悲惨な状態の中で、親鸞聖人は法然上人と出遇ったのである。このとき法然上人は親鸞聖人に、「選択本願念仏」という一つの真実を、繰り返し繰り返し語られた。法然上人のこの言葉を『歎異抄』第二条で、

ただ念仏して弥陀にたすけられまひらすべし（真聖全二、七七四頁）

と語っているが、法然上人は親鸞聖人に対して「真実心の成就」をまったく求めず、念仏が本願に順

じた行であるから、念仏する衆生を弥陀は必ず摂取したまうのだと、弥陀法の真理を淡々と教えたのである。だからこそ、この教えを聞いて、親鸞聖人の心に「よき人の仰せを信じる」という信が成立したのである。

では、この獲信によって、親鸞聖人に何が明らかになったか。阿弥陀仏が衆生に念仏を称えさせて、その衆生を摂取したまうという法の真理が、いま、法然上人の説法という行為によって、親鸞聖人の心に開かれたのである。念仏者はすでに弥陀の摂取の中にあり、心は弥陀の大悲で満ち満ちている。ゆえに、この真理を獲信するとき、往生は決定し正定聚に住すという証果が得られるのである。この法の道理によって親鸞聖人は、「浄土往生の行」を、阿弥陀仏の大悲から出る名号と、法然上人のその念仏を説法する「行為」の中に見られ、また浄土を、光明無量・寿命無量であるとし、その功徳の相が「南無阿弥陀仏」となって、浄土から親鸞聖人の心に来たっていると捉えたのである。このような観点から、以下、親鸞聖人の往生浄土の問題を考えることにしたい。

「浄土真宗」の教え

『教行信証』の「教巻」は、

謹んで浄土真宗を按ずるに二種の廻向あり。（真聖全二、二頁）

という言葉に始まる。この「浄土真宗」とは、どのような意味であろうか。今日、「浄土真宗」または「真宗」と呼ばれる、日本浄土教の一宗派がある。それは親鸞聖人によって明らかにされた、この「浄土真宗」という、仏教の教えを信奉している仏教教団であるが、今はこの教団名の意ではない。ここで親鸞聖人がいう「浄土真宗」とは、阿弥陀仏の仏教を指しているのであり、阿弥陀仏の仏教は、往相と還相という二種の廻向から成り立っているというのである。親鸞聖人はまさに、阿弥陀仏のこの二種の廻向によって浄土に往生し仏の証果を得たのであり、その真理が『教行信証』で顕彰されているのである。では親鸞聖人は自分が説く仏教思想を「浄土真宗」といったのであろうか。ことに法然上人の浄土教に対して、自分の仏教を浄土真宗と呼んだのであろうか。決してそうではない。次の言葉に注意しよう。

智慧光のちからより　　本師源空あらはれて
浄土真宗をひらきつつ　　選択本願のべたまふ
善導・源信すすむとも　　本師源空ひろめずば
片州濁世のともがらは　　いかでか真宗をさとらまし
承久の太上法皇は　　本師源空を帰敬しき
釈門儒林みなともに　　ひとしく真宗に悟入せり（真聖全二、五一三頁）

いずれも親鸞聖人の『高僧和讃』に見る「源空聖人讃」の文であるが、ここに明らかなように、親鸞聖人にとっての「浄土真宗・真宗」の教えは、法然上人によって開かれた「選択本願念仏」の教法を指しており、さらにいえば、『浄土文類聚鈔』で、

論家・宗師、浄土真宗を開きて、濁世邪偽を導かんとなり。(真聖全二、四五三～四五四頁)

と説かれて、その「浄土真宗」の教えが、龍樹・天親・曇鸞・道綽・善導・源信と、純正浄土教によって伝承されてきた、念仏往生の教えであるとし、さらにこの教えこそ、選択本願の行信であり、釈尊が『無量寿経』で説く根本思想、他力真宗の正意であると、親鸞聖人は見るのである。

このように見れば、法然上人によって明らかにされた「選択本願念仏」という、阿弥陀仏の本願の教えが「浄土真宗」であって、親鸞聖人はまさに、法然上人の念仏往生の道に生かされ、生涯、この教えに随って、ただ念仏のみの道を歩み続けたといえる。法然上人は生涯、称名念仏による往生の道を説き続けたのであり、親鸞聖人もまた、生涯かけて称名念仏による往生浄土の道を歩み続けたのである。したがって行道における両者の念仏道は、完全に一致するのであって、そこには何ら思想のズレは見られない。ところが今、法然上人の主著『選択本願念仏集』と親鸞聖人の主著『教行信証』を重ねて見ると、今度は逆に、そこにはほとんどといってよいほど、思想の一致は見られない。『教行信証』には、経・論・釈、多くの書物から文章が引用されているが、『選択集』からは、「行巻」に一か所引用されているだけであり(2)、根本的といってよいほどの違いが生じている。これをどう見ればよいのか。

この両者の思想の相違は、一般的には、法然上人は念仏往生であり、親鸞聖人は信心往生だとされている。もちろん真宗者の側からすれば、従来からも、両者の思想の違いが強調されているのではなくて、『正信偈』に、法然上人の根本思想が、生死輪転の家に還来ることは、決するに疑情をもって所止とす。速やかに寂静無為の楽に入ることは、必ず信心をもって能入すといえり。（真聖全二、四六頁）

と述べられているように、親鸞聖人は法然上人の教えを「信心正因」だと見られていたとするのである。したがって法然上人の念仏往生の義には、当然その念仏には、「信心」が含まれている。法然上人は聖道門の諸行に対して、浄土門の行は、ただ念仏一行だと、仏道における「行」の特徴として、念仏往生義を主張した。それに対して親鸞聖人は、浄土門内にあって、その念仏往生の中心こそ信心であると、法然上人の念仏往生義の特徴を「信」と捉えた。それが親鸞聖人の信心往生義であるから、両者の思想には、何ら相違はないと見るのである。

だがこれは真宗者にとって都合のよい見解であって、両者の思想そのものからは、このような見方は成り立たない。なぜなら、法然上人の念仏往生の義において、信心が重視されているといっても、その信心と念仏の関係は、信じて念仏するという仏道である。それに対して親鸞聖人の信心往生に見る念仏と信心の関係は、大行としての念仏を信じるという仏道であるから、往因としての信心と念仏は、二者の間で、その順序が逆転しており、それが同一思想だという主張は成り立たない。

では、なぜ法然上人から念仏往生という教えを聞いた親鸞聖人に、信心往生という仏道が開かれたのか。そして、このように一見、明らかに異なる両者の思想が、なぜ同一だと言えるのであろうか。この点は、今までも一応重視されていたが、その根本原因を、真宗学では今日まで、ほとんど掘り下げて考えていなかったように思われる。私は、法然上人と親鸞聖人の間に見られる思想の違いは、法然上人に出遇うまでの、親鸞聖人の求道にその原因があると考えるのであるが、かかる観点からの考察が、今日の真宗教学で、大きく欠落しているのではなかろうか。

そこでまず、親鸞聖人はどのような状態の中で法然上人に出遇い、いかなる心で法然上人から教えを受けたかに注意してみよう。

法然の説法・親鸞の聴聞

歴史的事実としてだれもが知っているように、親鸞聖人は二十九歳まで、比叡山で天台浄土教、ことに源信流の念仏を修していたと考えられる。この点に関しては、親鸞聖人は『教行信証』で、自分はまず、双樹林下往生を求めたが、結果が得られず、次に難思往生を求めた。しかしこの求道においても、究極的に往生の道は得られなかった。そのような中で、法然上人の教えによって、第十八願の世界に転入し、ここについに、難思議往生の道が開かれたと述懐している（真聖全二、一六六頁）。双樹林下往生とは、念仏行をとおして心を真実清浄にし、その心を因として、臨終に往生を得ようと願う仏道である。『教行信証』の中では、この往生行を第十九願の意に重ねて、善導大師の『観経疏』の思想をここに導いているが、比叡山において、実際に行ぜられたのは、むしろ源信の『往生要集』に説かれる、「正修念仏」の念仏道ではなかったかと思われる。ここにおいて親鸞聖人は、「雑略観」の念仏さえ成就することができなかったのである。

難思往生とは、これも『教行信証』では第二十願の往生義だとされている。『阿弥陀経』「修因段」の「一心不乱」の念仏がそれで、まさしく阿弥陀仏の浄土を信じ念仏を称え、一心に往生を願って、臨終のとき、心顛倒せずして往生を得ようとする念仏行である。ただしこの場合もまた、比叡山においては、『往生要集』の「臨終行儀」や「念仏証拠」の文に見る念仏が修せられていたのではなかろうか。「難思」とは「思いはかること難し」の意である。今その阿弥陀仏の浄土へ往生する確かさが求められている。そのためには阿弥陀仏の浄土を信じる確固不動の心が成就されねばならない。ところが親鸞聖人には、いかに一心に念仏を称えても、必ず往生するという確証がどうしても得られなかったのである。

双樹林下往生においては、真実清浄なる心になるために、懸命なる念仏行が行ぜられたのであるが、ついに念仏行によって、この心を得ることはできなかった。それゆえに難思往生を願ったのである。阿弥陀仏の本願力を信じて往生を願うためには、確固不動の信心がここに確立されていなければならない。だがこの信もまた、親鸞聖人には生じなかった。ここに行に破れ、また信に破れて、まさしく苦悩のどん底に陥っている親鸞聖人の姿がある。比叡山において、親鸞聖人は決して、怠惰な心で仏道を修したのではない。一つの真実を究極まで求めようとする親鸞聖人の性格からすれば、双樹林下往生においても、また難思往生においても、その求道に対して、少しの妥協も許されず、懸命に行道に励まれたのであり、それゆえにこそ、行道の一切が、かえって逆に完全に破綻してしまった。まず真実心を得るための念仏行に挫折し、さらに浄土往生を信じて念仏する、その確固たる信が、親鸞聖人にはどうしても生じなかったからである。法然上人に出遇ったとき、親鸞聖人は、まさに行に破れ信に破れて、絶望の淵に沈む、最も惨めな姿であったのである。

では、法然上人の御前に跪いている親鸞聖人に、法然上人は何を語り、何を求めたのであろうか。このときの法然上人の教えを、親鸞聖人は晩年、弟子たちに「自分は法然上人から、ただ念仏して弥陀にたすけられよ、と教えられた。だから自分はその教えをただ信じたのだ」と語っている（『歎異抄』第二条の文。真聖全二、七七四頁）。ここで「ただ念仏して弥陀にたすけられよ」と教えられた法然上人の言葉に、とくに注意したい。このとき、法然上人は親鸞聖人に対して、信じ方も称え方も、何一つ求められていない。また比叡山での行道に関しても、何ら言葉を発せられない。なぜ阿弥陀仏が信じられないのか。なぜ清らかな心で念仏が称えられないのか。そのような、今までの行道についての叱責は、一言も述べられていない。それらの求道の一切に破れたがゆえに、親鸞聖人は今、法然上人を尋ねているのだからである。

親鸞聖人は、今こそ必死になって、往生浄土の道を求めている。けれども、その行道の一切が破れている。親鸞聖人自身にとって、いかなる往生のための行も、行ずることが不可能になっている以上、法然上人は親鸞聖人に、いかなる求道も求めることはできない。このような場合、法然上人が為しうる道は、ただ一つしかない。法然上人自身、ただ念仏を称える。そして同じく、自分の前に跪く親鸞聖人に、ただ念仏を称えることを勧める。それは親鸞聖人が往生のために称える念仏ではない。自身が行じる往生のための念仏であれば、自ら阿弥陀仏を信じ、一心に往生を願い、真実清浄な心で念仏を称えねばならない。ただしそのような念仏は、今の親鸞聖人には、一声も称えることはできない。したがって法然上人が今、親鸞聖人に勧めている念仏は、親鸞聖人が自分の力でなす、善となるべき念仏でも、行となるべき念仏でもない。この念仏を親鸞聖人は『歎異抄』第八条の文で「念仏は行者のために非行・非善なり」（真聖全二、七七七頁）といっているが、法然上人と親鸞聖人が今、互いに称えている念仏は、まさにこの「非行・非善」の念仏だといわねばならない。

ではこの二人に、どのような念仏道が成り立っているのだろうか。いま、法然上人と親鸞聖人は、互いにただ念仏を称えている。その「南無阿弥陀仏」について、法然上人が親鸞聖人に、その念仏の法門を淡々と語っているのであり、親鸞聖人は法然上人から、その念仏の真理を、ただ一心に聞いている。念仏の大行について、一方が説法し、他方が聴聞する。かかる念仏の行道が、この二人の間に成り立っているのである。

法然上人が説法する。「南無阿弥陀仏」、往生の業はこの念仏ただ一つである。今は末法であって、いかなる行も行じえない。それゆえに、もし速やかに生死を超えようと思うのであれば、まさに聖道門ではなくて浄土門に依らねばならない。そしてもし、浄土の門に入るのであれば、ただ南無阿弥陀仏を称えればよい。この称名こそ、浄土に往生するための、正定の業だからである。なぜか。阿弥陀仏は第十八願に、一切の衆生を阿弥陀仏の浄土に往生せしめるために、すべての行業の中から、ただ一つ念仏を選択され、念仏する衆生を必ず摂取すると誓われているからである(3)。

ではなぜ弥陀は本願に、ただ念仏をもって往生の業とされたのであろうか。念仏とそのほかの行を比較すると、「勝劣」と「難易」という二義が見られるからである。最初の勝劣とは、念仏が勝であり、余行は劣である。なぜなら、阿弥陀仏の名号には、弥陀の有する功徳の一切が摂在しているからで、称名行にはその万徳が有せられているから勝、他の余行は、一行が一つの功徳しか得られないから劣である。

次の難易とは、称名は修し易く、諸行は修し難い。それゆえに称名念仏は、一切の衆生に行ぜられるべき行であるが、諸行はそうではない。だからこそ阿弥陀仏は本願に、一切の衆生を往生せしめるための行として、難を捨て易を取って、往生の業として称名念仏を誓われたのである。[4] この点を善導大師は『観経疏』「散善義」上品上生の深心釈の文で、

一心に専ら弥陀の名号を念じて、行住坐臥、時節の久近を問わず、念念に捨てざるは、これを正定の業と名づく。かの仏願に順ずるが故に。（真聖全一、五三八頁）

と教えられるのであるが、いつでもどこでも、いかなる心の状態であっても、それは問題ではない。ただひたすら称名念仏する。そこに往生の道が開かれている。称名こそ、阿弥陀仏が本願に誓われた往生の業だからである。そこでこの第十八願に誓われている念仏を、選択本願念仏というのである。

親鸞聖人は、この念仏の法門をただ一心に聴聞する。ここにおいて、何が明らかになったのか。これが『歎異抄』で、「ただ念仏して弥陀にたすけられまひらすべし」という「よきひとのおほせ」であることはいうまでもない。しかもこの点を親鸞聖人は、のちに手紙の中で次のように述べる。

尋仰られ候念仏の不審の事。念仏往生と信ずる人は辺地の往生とてきらはれ候らんこと、おほ

かたこころえがたく候。そのゆへは、弥陀の本願とまふすは、名号をとなへんものをば極楽へむかへんとちかはせたまひたるを、ふかく信じてとなふるがめでたきことにて候なり。（『末灯鈔』第一二通。真聖全二、六七二～六七三頁）

親鸞聖人の晩年、関東の弟子たちの間で、念仏に関して大きな問題が生じた。念仏往生派と信心往生派との間で、往生に関して論争を起こし、信心往生派が、往生を願って一心に念仏を称えている念仏往生派の人びとに、そのように「念仏往生」と信じている者は、辺地にしか往生しないと非難したのである。ただしこの論争は、結局、弟子たちの間では結論を導くことができなかった。なぜなら親鸞聖人は、ある場合には、「ただ信心が往生の正因である」と述べ、またある場合には、「ただ念仏が往生の業」だと説いているからで、そこでその疑問が、京都の親鸞聖人に、手紙で尋ねられた。この弟子からの質問に親鸞聖人は、両者の論争はまったく無意味であり、両者とも、念仏と信心の真理が根本的にわかっていないと、弟子たちの論争そのものを厳しく否定するのである。

弟子たちの疑問に対して親鸞聖人は、まず、阿弥陀仏が本願に何を誓っているかを明らかにする。阿弥陀仏は本願に「名号を称えるものを極楽に往生せしめる」と誓われる。願意が、「称名するものを救う」のであるから、親鸞聖人は弟子たちに、「ただ念仏が往生の業」だと説いたのである。したがって、この場合の「念仏」は、一切の衆生を救うための、阿弥陀仏のはたらきそのものであり、同時に、その名号が大行であることを説法している、釈尊の大悲の行を意味するのである。私たちはいったい、いかなる行によって往生するのか。それはまさしく、釈尊によって明らかにされた、この念仏の大行によって往生する。その念仏が法然上人によって語られ、その教えを受けて親鸞聖人が、だからこそ衆生にとっての往生の業は、「ただ念仏を称える」行為のみだと、弟子たちに説いているのである。これが、念仏のみが往生の業だという「念仏往生」の義である。

では衆生にとって、往生はいつ決定するのであろうか。それは弥陀が本願に誓われている「念仏往生」を信じる瞬間である。なぜか。衆生はいま念仏を称えている。その念仏とは、「称名する汝を浄土に往生せしめる」という本願の勅命にほかならない。であれば、その声を聞き、弥陀の本願を信じた衆生は、当然その瞬間に、弥陀の大悲に摂取されていることになる。だからこそ、本願を信じたそのとき、往生は決定するのである。そこで往生の因について親鸞聖人は、「ただ信心を要とす」と述べる。これが、信心がまさしく往生の正因であるとする、「信心往生」の義である。

ではこの獲信者と念仏は、どのように関係するのであろうか。この衆生は「念仏せよ、汝を救う」という本願を信じるのであるから、信を得た者の人生は、当然、ただ念仏のみの道を歩むといわねばならぬ。したがって、信心往生派からの「念仏往生と信ずる人は辺地に往生する」という主張は、念仏往生の義に対する完全な誤解といわねばならず、同時に、もし念仏往生派が、往生の正因はただ本願を信じるのみという、「唯信」の往生を見落としているとすれば、この者もまた、本願の義にまったく信順していないといわねばならないのである。

親鸞聖人は手紙で弟子たちに、この「念仏往生」と「信心往生」の義を明らかにしたのであるが、これによって知られるように、親鸞聖人における念仏往生とは、弥陀釈迦二尊の救いの構造を、そして信心往生とは、その教法を信じる獲信の構造を意味していたのである。これを法然上人と親鸞聖人の関係において論ぜば、法然上人はただ念仏による往生の道を説法し、親鸞聖人はその教えを一心に聴聞して、彼の心に、ただ信心のみの往生の道を開いた。では親鸞聖人は、その「念仏」のはたらきをいかに解し、往生すべき「浄土」を、いかなる場と見たのであろうか。

親鸞の往生浄土観

親鸞聖人の往生思想の特徴は、「他力廻向」の義にあることは言うまでもない。自分自身の力による、往生のための「行」を見ないで、往生の証果の一切、行も信も証も、その全てが阿弥陀仏から廻向されると説くのである。では、なぜそのような思想が親鸞聖人に生まれたのであろうか。すでに論じたように、親鸞聖人に明らかになったこの仏法の原理は、法然上人との出遇いによって親鸞聖人が得た真理である。

そこで、いま一度、法然上人の御前に跪いている親鸞聖人の姿を問題にしよう。この場合の親鸞聖人には、仏果を得るための、行も信もまったく存在していない。この親鸞聖人に法然上人が「南無阿弥陀仏」の説法をする。この説法によって、親鸞聖人は真実の信心を得た。親鸞思想においては、この「信心」が往生の正因である。では親鸞聖人に「信」を得させた「行」は、だれが行ったのか。法然上人の説法という行為によって、親鸞聖人は信を得ているのであるから、その行は法然上人によってなされているといわねばならない。親鸞聖人にとって、往生の因を得るための行は、親鸞聖人にあるのではなくて、阿弥陀仏の選択本願念仏の真実を語る、法然上人にあったのである。この法の流れを整理してみると、

(一) 阿弥陀仏は本願に念仏を選択し、その念仏によって一切の衆生を摂取するという本願を成就して、その念仏を十方に響流する。

(二) 釈迦仏は、弥陀三昧の中で、この念仏の法を領受し、釈迦仏の国土の衆生を救うために、その法門を説法する。

(三) 釈尊が説くその念仏の法門が、純正浄土教に伝承される。

(四) その念仏の真理が、善導大師によって説かれ、わが国では、法然上人によって明らかにされた。

(五) 法然上人の、説法という浄土真実の行によって、親鸞聖人は弥陀の本願を獲信した。

では、この「信」によって、親鸞聖人にいかなる真理が明らかになったのであろうか。

阿弥陀仏は本願に「至心信楽欲生我国、乃至十念」と誓われている。一般的には、この三心と十念は、衆生が発起する信心と念仏であると解されている。だが親鸞聖人は、「至心信楽欲生」は、弥陀が本願に、一切の衆生を浄土に往生せしめるために成就された大悲心であり、「乃至十念」は、弥陀から一切の衆生に呼びかけられている、本願招喚の声だと見る(5)。それゆえに「南無阿弥陀仏」という称名念仏は、称えている念仏者の行ではなくて、その衆生を摂取するための、阿弥陀仏の大行・大信

であると捉えられるのである。では「南無阿弥陀仏」という六字に、いかなる義が有せられているのだろうか。

この南無阿弥陀仏を善導大師は『観経疏』「玄義分」で、

言南無者即是帰命、亦是発願廻向之義。言阿弥陀仏者、即是其行。以斯義故必得往生。（真聖全一、四五七頁）

（南無というは即ちこれ帰命なり、またこれ発願廻向の義なり。阿弥陀仏というは、即ちこれその行なり。この義をもっての故に必ず往生を得）

と解釈する。私たちが称える称名念仏について、南無とは、阿弥陀仏に対して一心に帰命し、その浄土に往生したいとの願いを発起する義である。阿弥陀仏とは、まさしく称名行であるがゆえに、願と行を具足して、必ず往生を得ると述べるのである。

ところが親鸞聖人は、この称名念仏を、私たちが称える以前に、阿弥陀仏から衆生の心に来たる、弥陀の大悲心のはたらきであると捉えられて、この六字を次のように見られるのである。

「南無」とは帰命であり、その帰命とは、阿弥陀仏の本願招喚の勅命である。「発願廻向」とは、阿弥陀仏が発願して、衆生が往生するための行を、弥陀自身において成就し、その行を衆生に廻施されている、阿弥陀仏の大悲心である。「即是其行」とは、その念仏が阿弥陀仏の選択本願の行だということである。「必得往生」とは、それゆえに、衆生がこの願力廻向の真実を聞き信じた瞬間に、往生は決定することを示しているのである。(6)

親鸞聖人のこの解釈によれば、「南無」とは、弥陀の願意であって、阿弥陀仏が一切の衆生を救うために、発願廻向されている心を意味し、その阿弥陀仏の、一切の衆生を救い続けている本願力の「はたらき」が、「阿弥陀仏」という「すがた」だと捉えられている。したがって弥陀の名号といえば、一般的には「阿弥陀仏」の四字を指し、「南無」は衆生の側に属するのであるが、親鸞聖人においては、「南無」をも含めて、六字の全体が弥陀の名号だと解されるのである。だからこそ、衆生が「南無阿弥陀仏」と一声念仏を称えるとき、そのときすでに、その衆生を摂取するという弥陀の願力に、この念仏者の全体が覆われ、この者の心は、光明無量・寿命無量という功徳で満たされていることになる。念仏者はこのように、いかなる時、いかなる場においても、このように無限の光明によって輝いているがゆえに、「念仏者は無碍の一道なり」（『歎異抄』第七条、真聖全二、七七七頁）といわれるのである。

ただしこの真理は、どこまでも念仏法門の道理であって、私自身がこの仏道の真実に、自らの全人格的な場で出遇わないかぎり、称えられている念仏は、自分にとって単なる声でしかない。親鸞聖人が法然上人に出遇うまで称えていた念仏は、まさしくこの単なる声としての念仏であって、その称名は、親鸞聖人を苦悩に至らしめこそすれ、悟りに導かなかったのは、そのためである。

だが一度、阿弥陀仏の本願力廻向の念仏が信知されたとき、親鸞聖人の心に何が明らかになったのか。光明無量・寿命無量という最高の仏が、今、「南無阿弥陀仏」となって親鸞聖人の心に来たり、親鸞聖人を摂取している。その念仏の真実を親鸞聖人が獲信したのである。とすれば、その獲信の瞬間、親鸞聖人はすでに往生が決定している、自分の姿を見たといわねばならない。阿弥陀仏がこの世に来たり、親鸞聖人を包む弥陀の大悲心を信知したからである。この点を親鸞聖人は、『一念多念文意』で本願成就文の「即得往生」を解釈して、

「即得往生」といふは、即はすなわちといふ。ときをへず日おもへだてぬなり。また即はつくといふ。そのくらゐにさだまりつくといふことばなり。得はうべきことをえたりといふ。真実信心をうれば、すなわち無礙光仏の御こころのうちに摂取して、すてたまはざるなり。摂はおさめたまふ、取はむかへとるとまふすなり。おさめとりたまふとき、すなわち、とき日おもへだてず、正定聚のくらゐにつきさだまるを、往生をうとはのたまへるなり。（真聖全二、六〇五頁）

と述べている。真実信心を獲得すれば、念仏者はすでに弥陀の摂取の光明の中に抱かれているのであるから、その瞬間、この者は正定聚の位に住している。今はその姿を「往生をう」といっているのだとするのである。

ではなぜ「即得往生」を、「往生を得てしまった」と解さないで、やがて必ず往生を得るべき身に定まった「正定聚の位」だと見られるのであろうか。ここに親鸞聖人の浄土観がある。

親鸞聖人は、阿弥陀仏の真の仏身・仏土を、

仏は則ち是れ不可思議光如来なり。土はまた是れ無量光明土なり。（『教行信証』「真仏土巻」冒頭の文。真聖全二、一二〇頁）

と捉え、『唯信鈔文意』「極楽無為涅槃界」の解釈で、

この報身より応化等の無量無数の身をあらはして、微塵世界に無礙の智慧光をはなたしめたまふゆへに尽十方無礙光仏とまうすひかりの御かたちにて、いろもましまさず、かたちもましまさず、すなはち法性法身におなじくして、無明のやみをはらひ、悪業にさへられず、このゆへに無礙光とまうすなり。無礙は有情の悪業煩悩にさへられずとなり。しかれば阿弥陀仏は光明なり。光明は智慧のかたちなりとしるべし。（真聖全二、六三二頁）

と説示する。この阿弥陀仏とその浄土は、一般的には、浄土三部経に説かれているような浄土として信ぜられてきた。たとえば『無量寿経』の「正宗分」十劫成道の文では、その浄土が、

法蔵菩薩、今すでに成仏して、現に西方にまします。ここを去ること十万億刹なり。その仏の世界をば名づけて安楽という。（中略）成仏よりこのかた、おおよそ十劫を歴たまえり。その仏国土は、自然の七宝、金・銀・瑠璃・珊瑚・琥珀・硨磲・瑪瑙、合成して地とせり。恢廓曠蕩にして、限極すべからず。（中略）光赫焜耀にして微妙奇麗なり。清浄に荘厳して十方一切の世界に超踰せり。（真聖全一、一五〜一六頁）

と説かれ、その浄土の「清浄荘厳」が、のちにさらに詳細に描写される。『阿弥陀経』や『観無量寿経』においても同様であって、まことに具体的に、浄土の荘厳が描かれているのであり、その魅力に人びとは心を魅かれて、浄土への往生を願ったのである。

だが親鸞聖人は阿弥陀仏の浄土を、そのような七宝の樹や池や楼閣による荘厳の場とは見ず、また浄土が西方にあり、弥陀は十劫に成仏したとする、浄土建立の方向性や時間性をも問題にしない。浄

土教の常識からすれば、普通は、阿弥陀仏は西方にましまし、その浄土より無限の光を放ちて、我々衆生を摂取したまうと考える。ところが親鸞聖人は、その仏と浄土を、無限の空間と無限の時間の全体を覆って、照らし輝く光そのものと捉えるのである。されば宇宙のどこかに、光を放つ根源があって、そこから我々衆生を摂取する光が来ているのではなくて、その光が無限であるかぎり、宇宙の全体がまさしく、光り輝く阿弥陀仏そのものであり、浄土だと見なければならない。

この点を親鸞聖人は、阿弥陀仏は法性法身に同じであって、尽十方無礙光仏と呼ばれる、光の御かたちだと解するのである。無限の光とは、宇宙の全体に輝くのであるから、いかなる微塵世界までも、照らされないものはない。何ものもその智慧の光を障礙することはできず、それゆえにこの光は、最低極悪なる有情の、悪業煩悩をも問題にせず、その無明の闇を照破なされる。ただし、この智慧の光は、法性法身に同じく、色もなく形もましまさない。そこで、その無限の智慧光が、「南無阿弥陀仏」という音声となって、衆生の心に廻向される。親鸞聖人は法然上人の説法をとおして、この念仏の真実を信知したのである。

であれば、獲信し称名している親鸞聖人は、すでに阿弥陀仏の大悲に摂取され、浄土の真っ只中に生かされているといわねばならない。ではなぜ、それにもかかわらず親鸞聖人は、この念仏者の姿を、往生している者とは捉えず、必ず往生することが定まった身、という意味で「正定聚の機」と呼び、弥勒と同じ位としつつも、大涅槃の証果は「臨終一念の夕べ」に超証するといわれたのであろうか（『教行信証』「信巻」便同弥勒の文。真聖全二、七九頁）。それは念仏者自身、阿弥陀仏の功徳に満たされているとしても、その者はいまだ、煩悩を具足している愚人であることには変わりはない。弥陀の大悲の功徳を、聞き信じることはできても、大悲そのものを見ることはできない。いわんや、自分がいま、浄土の真っ只中にいるといわれても、その実感はなんら湧いてこない。肉体的な苦悩は何一つ消えないし、自分が目にするものの一切、環境の全ては穢土そのものであって、自分には一片の浄土も存在していない。

したがって念仏者自身、自分はすでに往生している、この世は浄土であると、いかに嘯いても、それはまさしく詮なきことであって、むなしい自己満足をつくっているにすぎない。しかし自分はいまだ穢土に住む凡愚ではあっても、否、臨終の一念まで迷える凡夫であるからこそ、獲信の念仏者は、弥陀の無限の功徳が、この私の心に満ち満ちていることを歓喜する。すでに自分の心に弥陀のましますことを信知しているからである。この信心の念仏者が、臨終来迎を待つ必要性のないことはいうまでもない。この点を親鸞聖人は『末灯鈔』の第一通に、

真実信心の行人は、摂取不捨のゆへに正定聚のくらゐに住す。このゆへに臨終まつことなし。来迎たのむことなし。信心のさだまるとき往生またさだまるなり。来迎の儀則をまたず。（真聖全二、六五六頁）

と示されたのである。

方便の往生浄土

親鸞聖人の浄土観の特徴は、阿弥陀仏の浄土を、真実報土と方便化身土に分け、浄土に真実と権仮を見た点にある。そして真実報土に関しては、すでに見たように、光明無量・寿命無量という意味において捉えている。したがって凡夫は、「南無阿弥陀仏」という言葉を除いては、この真の浄土と触れ合うことはできない。親鸞思想においては、念仏の一点のみが、浄土との接点になるのである。では方便化身土、仮の浄土とは何か。親鸞聖人は『教行信証』「化身土巻」の冒頭で、

謹んで化身土を顕さば、仏は『無量寿仏観経』の如し。真身観の仏これなり。土は『観経』の浄土これなり。また『菩薩処胎経』等の説の如し。即ち懈慢界これなり。また『大無量寿経』の説の如し。即ち疑城胎宮これなり。（真聖全二、一四三頁）

と述べている。「懈慢界」や「疑城胎宮」が化土であるという思想は、すでに源信に見られるところであるが、従来の浄土教徒は、『観無量寿経』に説かれる浄土や真身観の仏こそを、真の浄土であり真の仏であると考えてきたのである。その仏身仏土を、親鸞聖人はなぜ、方便化身と解されたのであろうか。その真と仮の違いを、いずこに見られたのだろうか。

ここで、大きく二つの理由を見ることができる。一は相好において、二は往因に関してである。一の相好では、真においては、浄土が光寿二無量という無限性で捉えられているのに対して、仮の浄土

では、「指方立相」の言葉に見られるように、西方という方角が示され、時間的・量的に有限な表現がとられている。それは真身観において、まさにそうであって、その仏の相好や浄土の荘厳が人びとをして、念仏を称え浄土往生を願わしめる教えとなっている。だからこそ親鸞聖人はこの点に、方便の義を求められたのだと考えられる。

では、二の往生の義に関しては、どうであろうか。この点について親鸞聖人は、『浄土三経往生文類』において、『大経』『観経』『阿弥陀経』に説かれる三つの往生の形態を示し、「大経往生」のみを真実、他を方便と見るのである。少し長くなるが、その原文を引用しよう。

大経往生といふは、如来選択の本願、不可思議の願海、これを他力とまふすなり。これすなわち念仏往生の願因によりて、必至滅度の願果をうるなり。現生に正定聚のくらゐに住して、かならず真実報土にいたる。これは阿弥陀如来の往相廻向の真因なるがゆへに無上涅槃のさとりをひらく。これを『大経』の宗致とす。このゆへに大経往生とまふす。また難思議往生とまふすなり。（真聖全二、五五一頁）

観経往生といふは、修諸功徳の願により、至心発願のちかひにいりて、万善諸行の自善を廻向して、浄土を忻慕せしむるなり。しかれば『無量寿仏観経』には、定善・散善・三福・九品の諸善、あるいは自力の称名念仏をときて九品往生をすすめたまへり。これは他力の中に自力を宗致としたまへり。このゆへに観経往生とまふすは、これみな方便化土の往生なり。これを双樹林下往生とまふすなり。（真聖全二、五五四〜五五五頁）

弥陀経往生といふは、植諸徳本の誓願によりて、不果遂者の真門にいり、善本徳本の名号をえらびて、万善諸行の少善をさしおく。しかりといゑども、定散自力の行人は、不可思議の仏智を疑惑して信受せず。如来の尊号をおのれが善根として、みづから浄土に廻向して果遂のちかひをたのむ。不可思議の名号を称念しながら、不可称不可説不可思議の大悲の誓願をうたがふ。そのつみふかくおもくして、七宝の牢獄にいましめられていのち五百歳のあひだ自在なることあたはず。三宝をみたてまつらず。つかへたてまつることなしと、如来はときたまへり。しかれども如来の尊号を称念するゆへに胎宮にとどまる。徳号によるがゆへに難思往生とまふすなり。不可思議の誓願、疑惑するつみによりて、難思議往生とはまふさずとしるべきなり。（真聖全二、五五七～五五八頁）

「大経往生」については、すでに論じた。ではなぜ『観経』の往生思想、第十九願の誓いが方便なのであろうか。『観経』の教えや『大経』第十九願の誓いが、最初から方便である、ということではない。経典にそのように説かれ、本願にかく誓われている以上、もし衆生が、教えのごとく信じ、真実心をもって行道に励めば、当然、真実の報土に往生するといわねばならない。仏の教えに偽りはありえないからである。ただし教えに魅かれながらも、教えのごとく実践できなければ、真実浄土への往生は不可能だというべきだろう。教えに随っていないからである。

さて、この教えにおいては、菩提心を発して、諸の功徳を修し、真実の心で往生を願う。それは上品の衆生の行道になるが、定善や散善、三福を一心に修することによって、臨終に正念に住し、仏の来迎を得ると説かれるところである。この行道においては、聖道の諸行とほとんど変わりはない。たとえこの世で証果を得られなくても、臨終において往生を願えば、仏の来迎を得て、次の世、必ず証果を得ることができるからである。だがもしこの教えを、愚かな凡夫が聞いて、その教えに魅かれて形式的にほんの少し仏道を行じただけで、邪な心で仏の来迎を願ったとすればどうであろうか。この衆生が仏道を行じたという自覚は、単なる錯覚でしかなく、完成したと嘯くことが、まさに「邪見・憍慢・悪衆生」となる。それゆえにこの衆生は、「懈慢界」に往生するのである。ただし人はまず、このような心しか持ちえないのだとすれば、この教えはまさしく、人をして、浄土を忻慕せしめていることになり、ここに親鸞聖人は方便の義を見たのだと思われる。

では『阿弥陀経』の往生思想、第二十願の誓いによる衆生の往生とは何であろうか。この衆生はすでに阿弥陀仏の名号を選び、万善諸行の少善を捨てている。しかして念仏を称え、一心に浄土への往生を願っているのである。このために、この衆生にとって、何が最も重要であるか。まさしく純粋なる心で、阿弥陀仏とその浄土を信じること、自分の心から、疑念の一切を捨てて、ただひたすら弥陀の本願力を信じ、一心に名号を称念して、浄土往生を願うことだといわねばならない。だが親鸞聖人は、この心こそを、阿弥陀仏の不可称不可説不可思議の大悲の誓願を疑う心だというのである。第二十願の機の自覚内容からすれば、自分こそ一心に阿弥陀仏を信じ、浄土往生を願って念仏を称えている者と、自負しているはずである。だが自らの力で、一生懸命に浄土を願えば願うほど、本願に摂取されたいと求めれば求めるほど、本願より廻向されている名号、念仏の真実を、かえって疑っている姿を、ここに露わにしているといわねばならない。本願は汝を救うと誓われているのに、この念仏者は、しかもなお、この本願に必死にしがみつこうとしているからである。そこでこの衆生は、「疑城胎宮」に往生するとされる。ただし、この本願によって、人はまさしく称名念仏の道に導かれ、果遂の誓いをたのむ。この義のゆえに、第二十願の教えを方便だと見られたのである。

むすび

今日、日本の浄土教に対して、「浄土教には利他行がない」という、一つの厳しい批判がなされている。大乗菩薩道とは、利他行こそが仏道であるのに、浄土教にはその利他行がないので、大乗仏教とはいえない、というのである。だがはたして、浄土教には利他行がないのであろうか。それはまったくの謬見であって、この点は、法然上人や親鸞聖人の仏道を見れば明らかである。

法然上人は廻心以後、いかなる仏道を歩まれたか。吉水の草庵で、ただひたすら念仏を称えつつ、大衆に「選択本願念仏」の道を説かれている。称名念仏を勧めているのであるが、その称名念仏は、法然上人自身が浄土に生まれるための念仏ではない。このときの法然上人は、自分自身の往生はまったく問題にしていない。なぜなら、法然上人の往生はすでに決定しているからで、自分の往生を願うという自利の面は、このときの法然上人には必要でなかったのである。だからこそ法然上人の仏道は、ただ利他行のみなのであって、その利他行によって、日本浄土教が生まれ、当時の大衆は、こぞって浄土に導かれているのである。日本仏教において、法然上人以外、だれがこれだけの利他行をなしえたであろうか。ただ浄土教者のみが、よくかかる仏道をなしえているといえるのではなかろうか。

それゆえに、親鸞聖人の仏道もまったく同様であって、獲信以後の親鸞聖人は、自利の面である、自らの往生を何ら問題にしないで、人びとに「ただ念仏して弥陀に救われよ」と、利他行の一道を歩まれているのである。次の手紙に注意しよう。

往生を不定におぼしめさんひとは、まづわが身の往生をおぼしめして、御念仏さふらふべし。わが身の往生一定とおぼしめさんひとは、仏の御恩をおぼしめさんに、御報恩のために御念仏こころにいれてまふして、世のなか安穏なれ、仏法ひろまれとおぼしめすべしとぞ、おぼえさふらふ。

(『御消息集』第二通。真聖全二、六九七頁)

これによっても、信を得た念仏者の道は、ただ利他行のみであることが明らかである。ただし、この「一声」の念仏を他に伝えることの、いかに困難なことであるか。浄土教は今日、衰退の流れにあるが、私たちはいま一度、「念仏の伝道とは何か」を、祖師の心にかえって、問う必要があるのではなかろうか。

最後に還相廻向の問題が残ったが、これは次の『親鸞に見る往相と還相の廻向行』の項で考えることにしたい。

(1)『教行信証』の「化巻」で、一般に三願転入の文と呼ばれている箇所で、親鸞聖人は法然上人に出遇うまでの自分の行道を、まず「双樹林下往生」を求め、次いで「難思往生」を求めたと述べているが、この二つの行道が、比叡山時代の親鸞聖人の念仏行であったと考えられる。（真聖全二、一六六頁）

（2）真聖全二、三三頁。親鸞聖人はここで『選択本願念仏集』の冒頭の文、「『選択本願念仏集』源空集　南無阿弥陀仏　往生之業は念仏を本と為すという」と、最後に説かれる「三選の文」のみを引用する。

（3）『選択本願念仏集』の文。冒頭と「三選の文」の大意。真聖全一、九二九頁と九九〇頁の大意。

（4）『選択本願念仏集』の「本願章」の大意。真聖全一、九四三頁、九四四頁。

（5）『尊号真像銘文』の第十八願の解釈で、「至心信楽欲生」の三心を阿弥陀仏の心、「乃至十念」を弥陀の勅命と見る。真聖全二、五七七頁。

（6）『教行信証』「行巻」の六字釈の大意。真聖全二、二二頁。

親鸞に見る往相と還相の廻向行

問題の発端

親鸞聖人の『教行信証』は、

謹んで浄土真宗を按ずるに、二種の廻向あり。一には往相、二には還相なり。（真聖全二、二頁）

という言葉に始まる。したがって、浄土真宗の教法は、「往相・還相」という二種廻向の法が、その全てだといえる。この往相還相の二種の廻向について、最近、寺川俊昭教授が興味ある論文を発表された。親鸞聖人の二種の廻向は、

南無阿弥陀仏の廻向の　恩徳広大不思議にて
往相廻向の利益には　還相廻向に廻入せり
往相廻向の大慈より　還相廻向の大悲をう
如来の廻向なかりせば　浄土の菩提はいかがせん（真聖全二、五二二頁）

と、『正像末和讃』に述べられているように、二種とも如来の廻向であることは論を俟たない。ところで「往相と還相」に関しては、従来、「往相の往は往生浄土のこと、還相の還は還来穢国の義」だ

と解され、また「往相とは浄土へ往く相、還相とはひとたび浄土に往生して、衆生済度のために再びこの世に還ってくる相」だと解説される。

寺川論文は、この点を問題にするのであって、もしこのように往還の相が捉えられるのであれば、その前に、親鸞聖人の往生の思想が解明されていなければならない。そしてこの往生思想は、如来二種の廻向によって定まるのであるから、この二種廻向の知見を了解したうえで、かかる論を展開すべきであるが、この視点が完全に欠落している。親鸞聖人の往生思想は『三経往生文類』に端的に示されている。そこで親鸞聖人は、大経往生、観経往生、弥陀経往生を語るのであるが、その中の大経往生に、次の二点で、ことに親鸞聖人独自の往生理解を見ることができる。一は、如来の二種の廻向によって実現する往生であり、二は、その往生の具体相は現生に正定聚の位に住するということである。ところが今日論ぜられている、往相還相あるいは往生の論は、かかる観点、すなわち如来二種の廻向との関係において往生を理解するという見方をしていない。それゆえに、親鸞聖人独自の往生思想が正確に把捉されていないとするのである。

では如来二種の廻向によって実現する往生とは何か。本願を信じ念仏する身となることによって、法爾自然に現生に正定聚の位に住し、涅槃無上道に立った生の歩みであって、その生こそが、如来の往相廻向の恩徳である真実の行・信・証のはたらきが衆生のうえに現前することにおいて可能になるのである。されば現生に正定聚に住して必ず無上涅槃に至る生の歩み、すなわち真実証果の現実態そのものが、如来の往相廻向の恩徳であるといわねばならない。かくて寺川論文は、親鸞聖人の往生思想とは、「現生に正定聚のくらいに住し、無上涅槃の極果への道程としての自覚道に立つという能動的な生」を意味するのであって、決して親鸞聖人の往還の二廻向を、「単純な浄土への往復運動と理解したり、往相の回向を単純に浄土への往生を実現する回向と理解する」ようなことはあってはならないとする。いわば浄土真宗の往生は、その一切が如来二種の廻向によるのであるから、どこまでもその「恩徳」が重要なのであり、衆生はそれゆえに、往相還相という二種廻向の恩徳を、ただ感佩すればよいのであって、往相と還相を如来の廻向から切り離して、客観的あるいは傍観的に眺め、その往還の「相」を、あれこれ計らうべきではないと論じるのである。(1)

親鸞聖人の往生義に関して、従来の学説を、「往相の回向との関係において往生を理解する視点が完全に欠落している」と批判する寺川論文は、確かに親鸞聖人の往生思想について、一つの新しい視点からの問題提起だと受けとめることができる。この論考において、「往相と還相」を、どこまでも弥陀廻向との関係において捉えよとの指摘には、まったく異論はないが、往相と還相そのものまでを如来の恩徳という一面でのみ捉えることが、はたして妥当かどうかに疑問が残る。ことに寺川論文では、念仏者の往生を「現生に正定聚のくらいに住し、無上涅槃の極果への道程としての自覚道に立つという、能動的な生」と示しながら、しかも「現生に施与される自覚道を解釈し分別する愚は、心して避けるべきであり、仏道としての往生道を現生の自覚道として鮮明にした親鸞の創造的探求をこそ、心して学び知るべきであろう」と結論づけるのであるが、ではその「親鸞の創造的探求」とは何かとなると、この論には何ら具体的な説明がなされていない。

親鸞聖人は著述の中で、自分がいかに往生浄土の道を歩んでいるかという、「自身の能動的生」については、一言も語っていない。それは当然のことであって、ただ一心に念仏道を歩んでいる親鸞聖人にとって、その自分を傍観的に眺め、その姿を解釈し分別することなど、ありえなかったからである。だがその親鸞聖人がなぜ、「往生道を現生の自覚道」として歩むことができたのか。それは親鸞聖人自身が、その念仏道を自覚しようと一心に励んだからではない。そのような求めこそ、自らの念仏道を分別し計らう「愚」なる心でしかないからである。したがって、自身が現生に往生道を歩んでいるという「自覚道に立った能動的な生」など、自分には絶対に自覚されないのであって、自覚しようとすることそのことが、まさに自覚道を解釈し分別する「愚」に陥るのである。では親鸞聖人の創造的探求によって明らかにされたとする「往生道」を、私たちはいかにして学び知り、その心と重なることができるのであろうか。やはり親鸞聖人の著述に直接聞く以外に道はない。しかも親鸞聖人は、その主著『教行信証』において「現生に正定聚の位に住する念仏者のすがた」を、まさしく「往相」と語られているのである。寺川論文の問題提起を受けながら、『教行信証』に見る往還二廻向の「行」について考えてみたい。

如来二種廻向の功徳

『教行信証』「教巻」の冒頭に示される阿弥陀仏の教法は、衆生を往還せしめる如来二種廻向の法を

指すのであって、この点を『浄土文類聚鈔』では、

もしは往もしは還、一事として如来清浄の願心の廻向成就したまうところにあらざること有ることと無し。（真聖全二、四四六頁）

と説いている。この場合、「往還」と「願心の廻向」とは、明らかに境位を異にする。往還は、どこまでも衆生が、穢土から浄土に往生し、浄土から再び穢土に還来する「相」を意味しているに対し、願心の廻向は、衆生をかくせしめる、阿弥陀仏の大願業力のことだからである。それをもし、往相と還相を、阿弥陀仏の二種廻向の恩徳の相だとすれば、どうか。阿弥陀仏自身が、自らの廻向する「教・行・信・証」を、自身の功徳として往相し、さらにその証果の功徳によって還相するという、まことに奇妙な道理がここに成り立つ。しかも、この仏道に衆生がまったく関わらない。それであれば、仏道そのものが、衆生にとって意味をなさなくなってしまう。やはり「往相と還相」は、どこまでも衆生の相でなければならない。

では衆生を往相せしめる、弥陀廻向の「教・行・信・証」とは何か。『教行信証』の「教巻」に、その「教」の内実が、そして「行・信・証」も同じく、それぞれの巻にその功徳が説かれていることは言うまでもない。そこでまず「教巻」に、阿弥陀仏が衆生を往生せしめるために廻向された「教」とは何かを尋ねてみよう。「教巻」では、この教を、

それ真実の教を顕さば、則ち『大無量寿経』これなり。（真聖全二、二頁）

と示す。そして、この経の根本義を、阿弥陀仏が本願を超発し、名号によって一切の衆生を摂取する

道理を明かし、その教法を説くために、釈尊がこの世に生まれられたのだと語る。では、この経はなぜ、釈尊出世本懐の真実の教だといえるのか。それは、釈尊がこの教を説法されようとしたとき、そのお姿が五徳の瑞現を示して、今までになく輝いたからである。ではその輝きがなぜ、一切の衆生を往生せしめる阿弥陀仏の真実の「教」の廻向の証となるのであろうか。

「南無阿弥陀仏」という名号のはたらき一つで、衆生を仏果に至らしめる。そのような奇特な法は、一切の仏法の中で、ただこの弥陀法を除いて外には存在しない。その唯一最高の仏法が今、釈尊の心に映ぜられた。釈尊がその一乗究竟の最勝の法に出遇ったがゆえに輝いているのであり、この名号法を説くことによって、釈迦自身はじめて国土の衆生の一切を救うことができる。そこで、この輝きを「教巻」で、最高の法を示す真理だと見た。したがって「教巻」の特徴は、弥陀の本願に誓う名号の真理が、『大無量寿経』として釈尊の心に映じた点にある。この弥陀の教法を、弥陀より衆生に廻向された、一切の衆生を往生せしめる「往相廻向の教」だと、親鸞聖人は解したのである。

次に「行巻」では、衆生を往生せしめる真実の行を、往相廻向の大行として、「無礙光如来の名を称する」（真聖全二、五頁）ことだと捉える。「南無阿弥陀仏」と念仏を称える。その称名が、第十七願に誓われている、阿弥陀仏より廻向された、浄土真実の行であり、選択本願の行だというのである。ではなぜ、この一声の称名がまさに、この世における浄土真実の行であり、選択本願の行なのか。衆生が浄土へ往生するための真実行は、ただ釈迦仏が南無阿弥陀仏を称え、その名号の功徳を大衆に説法するという行為の中にあるのであり、そこで称えられている「南無阿弥陀仏」こそ、阿弥陀仏自身がこの世に出現して、まさに大衆を直接摂取したもう選択本願の行にほかならないからである。

では釈尊滅後に、この往相廻向の大行は、いかにして、この世において躍動し続けるのか。釈尊は、なぜ南無阿弥陀仏を称え、その法を讃嘆し、大衆に説法したのか。それは釈尊が往生を願ったからではない。第十七願の大行とは、自分が往生するための称名ではなくて、迷える他者に、弥陀の名号を聞かせ、信心歓喜せしめて、速やかに往生せしめる行業である。だからこそこの行が、釈尊にとっての、真の大悲の行となるのである。衆生はこの釈尊の大悲の行を聞法し、獲信の念仏者となる。釈尊滅後、その念仏者が釈尊と同じく、弥陀の名号を称え讃嘆し説法し続けているのである。ここに往相廻向の大行の、この世における躍動の相がある。では獲信の念仏者とはだれか。親鸞聖人は、その具体像を七高僧のうえに見られ、その行道を「浄土真実の行」として、「行巻」に語られたのである。

「信巻」においては、往相廻向の大信として、阿弥陀仏の大信心が明かされる。愚悪なる衆生を摂取するために、第十八願に誓われている、真実清浄にして疑蓋無雑の「至心信楽欲生」の三心が、その大信心であることはいうまでもない。では、その本願の三心は、いかにして衆生の心に来たるのか。『教行信証』「信巻」に、

至心はすなわちこれ至徳の尊号をその体とせるなり。(真聖全二、六〇頁)

といわれるように、阿弥陀仏の大悲心は、名号をとおして悪業邪智な衆生の心に来たる。「行巻」において、「南無阿弥陀仏」が衆生を往生せしめる、弥陀廻向の行業であることが明かされた。「称名」が、阿弥陀仏から衆生に来たる弥陀の言葉であったのである。しかも、その弥陀からの「南無阿弥陀

仏」は、言葉が衆生の心にただ届いているのではなくて、その一声一声の一切が、まさに衆生を摂取したもう、阿弥陀仏の大悲心そのものである。したがって衆生は、自身の自覚内容とは無関係に、称名するそのとき、原理的には無条件で、すでに一切の無明が破れ、一切の志願が満たされている。なぜなら衆生の往生を決定せしめる阿弥陀仏の大信心が、称名をとおして衆生に廻施され、その衆生の心は、弥陀の大行・大信の功徳で満ち満ちているからである。

では衆生はただ単に、称名するだけで往生が決定するのだろうか。決してそうではない。衆生自身が弥陀の大信心を獲得しないかぎり、往生の因は決定しない。真の意味で、衆生は第十八願の願心に出遇わねばならないのである。この第十八願の救いの真理を釈尊は、「弥陀より廻向せられた名号の功徳を、衆生が聞き信じ歓喜する瞬間、その衆生は、往生が決定し正定聚に住す」と説き明かす。すなわち『大経』の文に「聞其名号信心歓喜乃至一念」（真聖全一、六二頁）と表現されるところで、往生はまさに、弥陀の大信心を獲信する一瞬に定まるのであり、その位を正定聚に住すと述べられるのである。とすれば、ここにおいても「往相」は、弥陀の大信心ではなくて、獲信の念仏者でなければならない。では未信の念仏者はいかにして獲信し、正定聚の機に至るのか。その道はただ一つであって、獲信の念仏者から、第十八願の法の真理を聞き、自らが弥陀の大信心を信知することによってのみ、獲信は可能になるのである。

では真実の「証」とは何か。「証巻」で、この証果が「利他円満之妙位、無上涅槃之極果」（真聖全二、一〇三頁）だと語られる。この証が往相廻向の証であることは論を俟たない。弥陀廻向の「証」であるがゆえに、かかる証果を得るのだからである。ところで、その証を親鸞聖人は、「往相廻向の心行を獲れば、即の時に大乗正定聚の数に入るなり」と述べ、さらにその正定聚に住するものは、必ず無上涅槃に至ると説く。さればこの無上涅槃に至る「証」もまた、阿弥陀仏より廻向される弥陀の証果を指すのではなくて、弥陀の往相廻向の証を獲得した、衆生の「証」でなければならない。やはり往相するのは衆生であって、廻向する阿弥陀仏が無上涅槃の極果を得るのではないのである。では「証」を中心に、弥陀と衆生はいかに関係し合っているのだろうか。

衆生が阿弥陀仏の本願力を信じるのみで、必ず無上涅槃に至る道理を、親鸞聖人は曇鸞の「不虚作住持功徳」の釈によって見る。阿弥陀仏は、なぜ不虚作住持の功徳を有するのか。

本、法蔵菩薩の四十八願と、今日の阿弥陀如来の自在神力とに依る。（真聖全二、四〇頁、一三五頁）

のである。法蔵菩薩が四十八願を成就し、その願の功徳に依るがゆえに、阿弥陀仏の願力には自在の神力がましします。では四十八願によって成就された、阿弥陀仏の正覚の華とは何か。「南無阿弥陀仏」こそ、まさに弥陀正覚の浄華である。だからこそ、一声の南無阿弥陀仏に、阿弥陀仏の往還二廻向の功徳の一切が有せられているのである。かくて獲信の念仏者のみが、阿弥陀仏の大行・大信の功徳をもって、往相の念仏道を歩むのである。では阿弥陀仏の証果を獲得した衆生の、往相の念仏とは何か。

往相の利他・還相の利他

未信の念仏者は、邪定聚・不定聚の機であって、いまだ往生は定まらず、これらの念仏者には「往相」はありえない。したがって「往相」するのは、獲信の念仏者のみである。

親鸞聖人が『教行信証』で、獲信の念仏者の行道を具体的に問題にするのは、「信一念釈」以後だといえるが、往相が決定する原理は、「欲生釈」で明らかにされている。「本願の欲生心成就の文」に、

至心に廻向したまえり。かの国に生まれんと願ずれば、即ち往生を得て不退転に住す。（真聖全二、六六頁）

と、「至心に廻向したまう」のは阿弥陀仏であるが、「かの国に生まれんと願ずる」のは、往相し還相する、獲信の念仏者自身だと述べられているからである。ところで、この往還の相について、「欲生心成就の文」に続く『浄土論註』の引文では、次のごとく述べられている。

①いかんが廻向したまえる。一切苦悩の衆生を捨てずして、心に常に作願すらく。廻向を首として大悲心を成就することを得たまえるがゆえにとのたまえり。廻向に二種の相あり。一には往相、二には還相なり。往相とは、おのれが功徳をもって一切衆生に②廻施したまいて、作願して共にかの阿弥陀如来の安楽浄土に往生せしめたまうなり。還相とは、かの土に生じおわりて、奢摩他・毘婆舎那・方便力成就することを得て、生死の稠林に廻入して、一切の衆生を教化して、共に仏

道に③向かえしめたまうなり。もしは往、もしは還、みな衆生を抜きて、生死海を渡せんがため④にとのたまえり。このゆえに⑤廻向為首得成就大悲心故とのたまえりと。（真聖全二、六六頁）

ところで、この文は、「信巻」以外に、文頭より「往生せしめたまうなり」までが「行巻」（真聖全二、一六頁）に、「還相とは」より文末までが「証巻」（真聖全二、一〇七頁）に引用され、しかも傍線の部分が、①「いかんが廻向する」、②「廻施して」、③「向かえしむるなり」、④「ためなり」、⑤「廻向を首と為て大悲心を成就することを得るが故に」と読み替えられている。この両者の違いの特徴は、「行巻」と「証巻」で、傍線の部分、敬語表現が消えている点にある。

さて、この文の冒頭の「いかんが廻向したまえる」は、すぐ前の「欲生心成就の文」の「至心に廻向したまえり」を受けているから、この「廻向」は、明らかに阿弥陀仏自身の廻向を指しており、それに続く「廻向を首として大悲心を成就することを得たまえる」もまた、同一の表現が、本願の欲生心のご自釈の文に見られるから、この大悲心の成就もまた、弥陀が常に作願したまう心である。さらにその廻向に、往相と還相という二種の廻向があるのであるから、往相還相せしめるはたらきも、阿弥陀仏の大悲心であることは論を俟たない。したがって、この引文の全体は、当然、阿弥陀仏の大悲心の廻向のはたらきの中にある「往相と還相」が語られていると見なければならない。

だが同時に、往相し還相するのは、阿弥陀仏ではなくて、あくまでも阿弥陀仏の大悲心を獲得した、獲信の念仏者である点を、私たちは見落としてはならない。そしてこの点にとくに注意すれば「往相とは」「還相とは」と語られている部分は、阿弥陀仏の大悲心についてではなくて、この説示はどこまでも、弥陀の大悲の功徳を得た、往相し還相する念仏者の仏道であることが知られる。ではなぜ、この念仏者の行道に敬語が使われているのか。弥陀の大悲心を獲信した念仏者の行道こそ真の仏道だからで、「信巻」では、その恩徳を喜ぶ獲信者の行道が、いまだその行を歩みえていない者から見て、敬われているのである。

では「行巻」と「証巻」で、敬語表現の消える部分があるのはなぜか。その箇所は、往相と還相の廻向が、菩薩自身の廻向行として捉えられているからである。まず「行巻」では、往相の菩薩の廻向行を次のように語る。どのように廻向するのか。この菩薩はすでに廻向によって、大悲心を成就なさっている。そこで自分がすでに得ているこの真実功徳を、いまだ迷える一切の衆生に廻施し、作願して、自分と共にそれらの衆生を、阿弥陀仏の浄土に往生せしめようと、なさっているのであると。これに対して「証巻」では、還相の菩薩の行業が次のごとく語られる。かの浄土に往生したのち、教化地を成就して、再びこの穢土に廻入して、一切の衆生を自由自在に教化して、それらの衆生を自分と共に、仏果へ向かえしめているのであると。したがって、往相であれ還相であれ、廻向は全て、衆生の苦を抜いて、生死海を渡せんがためになされているのであって、ゆえに天親は、菩薩行は廻向が中心であって、廻向によって大悲心を成就することを得るのだといわれているのである。

以上が「行・信・証」の各巻に引用されている、曇鸞の往還二廻向の文の大意である。すでに気がつかれているように、この私の解釈は、今日の真宗教学上に見られる定説とは大きく異なっている。たとえば梅原真隆はこの箇所を、註文の当分は行者に約するものであるが、宗祖の点声は仏に約するものである。利行満足の註釈のこころによって行者の回向はすなわち仏の回向に依ることを示すのである。この文を引抄されたのは行者の信行はこれ仏の回向なることを示すための証明である。（『教行信証新釈』巻上、二一五頁）

と註解するが、他の説もほとんど例外なく、往還の相を衆生に、そして廻向を阿弥陀仏の大悲と捉えてここを解釈し、親鸞思想の特殊性を強調している。先の寺川論文はその例外の一つであって、この論では、往還の相と廻向とを分ける定説を批判し、より親鸞思想を鮮明にして、往還の二廻向の全体を弥陀の恩徳として捉えるのである。

これに対して私はむしろ逆に、この親鸞聖人の引意を曇鸞の原意に重ねたく思うのである。すでに明らかなように、私たち衆生の往還の一切が、阿弥陀仏の大悲の本願力廻向によることとは、弥陀法の道理であって、この点は当然、動かしえない。だが親鸞聖人はそのうえで、現実社会における衆生の、菩薩道としての廻向行を非常に重視する。今日の真宗者はこの菩薩行までを、ともすれば法蔵菩薩の行と捉えるので、念仏者自身の菩薩行を完全に見落としているが、親鸞聖人は龍樹・天親の行道を実に重視し、さらに獲信の念仏者のみが、かかる大悲を行じうると明かされているのである。

たとえば『教行信証』「信巻」の、横超の菩提心釈では、

横超は、これすなわち願力廻向の信楽、これを願作仏心という。願作仏心すなわちこれ横の大菩提心なり。（真聖全二、六九頁）

と、この菩提心を阿弥陀仏の本願力廻向の菩提心だと示しながら、次の『論註』の引文では、三輩者の菩提心を論じ、真実、浄土に往生する者は、必ず菩提心を必要とするのであって、ただ楽のために往生を願っても、決して往生しないことを明かし、その菩提心を、「自身住持の楽を求めず、一切衆生の苦を抜かんと欲う」心だと説く。またこの文中の「願作仏心・度衆生心」についても、『正像末和讃』三時讃（『親鸞聖人全集』和讃篇、一四七頁）では、この心を阿弥陀仏の大悲心としながら、『高僧和讃』天親讃（『親鸞聖人全集』和讃篇、八四頁）では、天親自身の度衆生心だと解している。さらに「真仏弟子釈」では、

念仏を行ぜしむる者は、これらを悉く大悲を行ずる人と名づく。（真聖全二、七七頁）

と、獲信の念仏者の菩薩道を、ここで具体的に示す。これらの点よりすれば、この世における利他行の実践を、親鸞聖人はまさに、往相の念仏者に見ていたとうかがえる。

かく論ぜば、直ちに反論がなされるであろう。そのような菩薩道は愚悪なる凡夫には、とうてい不可能であると。だが、はたしてそうか。

ここで法然上人や親鸞聖人の念仏道に目を向けたい。法然上人の日常は、自分自身のみの往生を願って、念仏を称えていたのではない。そのような自利の心はまったくなく、吉水の草庵を訪ねる老若男女に、淡々と念仏の法を説き、多くの衆生に往生を願わしめた。迷える親鸞聖人もその一人であって、法然上人との出遇いによって、真の念仏者に導かれた。もちろん法然上人には自覚されていないが、これはまさしく、菩薩の利他行そのものだと言わねばならぬ。獲信後の親鸞聖人もまた、まった

く同様の道を歩んでいる。唯円への説法で明らかなように、ここで親鸞聖人は、自らの信心を何ら誇示せず、何の力みも見せず、しかもみごとに、智慧慈悲方便の実践をなしている。往相とは、弥陀廻向の念仏を獲信し、ただ念仏を称える者の「相」である。ただしこの者は、自分自身の往相にはまったく関心を示さない。自らの人生は、ただ念仏を喜ぶのみである。ただし人は、この念仏者に出遇って、念仏者になさしめられるのである。法然上人や親鸞聖人の、この利他の念仏道、真の意味での報恩の仏道が、今日の浄土教界で、完全に欠落しているのである。

では還相菩薩の廻向とは何か。親鸞聖人は往相者の「相」については、具体的にほとんど語られていないが、還相の菩薩の「相」については、「証巻」の「還相廻向釈」で、非常に具体的かつ詳細に、その相が語られている。浄土の菩薩は教化地の功徳を得ているから、

一、身を仏土に置いたまま、あまねく十方の世界に行きて、利他行を行じる。

二、その衆生の教化は、一瞬において可能である。

三、しかも一切の世界において余すところがない。

四、ことに三宝のましまさない世界において、仏法僧を示す。（「証巻」「菩薩荘厳功徳」の文の大意。真聖全二、一一〇頁）

以上の四点に、浄土の菩薩の功徳が見られる。

されば、かかる菩薩行は、いまだ浄土に生まれていない衆生には、まったく不可能だといわねばならない。したがって、この世においては、だれ一人として還相の菩薩行は行じえない。ただし獲信の

念仏者は、如来二種廻向の功徳を獲得している。だからこそ往相の仏道において利他行が成り立つのであり、同時にこの者には、自らの、往生後の還相の利他行が見えるのである。ではこの獲信者と、還相の菩薩の廻向行とは、どのように関係し合うのだろうか。

還相の菩薩は、この世の衆生を浄土に往生せしめる、四種門を成就されている。その浄土に入らしむる功徳とは何か。「証巻」利行満足の文より略出する。入第一門とは、

阿弥陀仏を礼拝して、かの国に生ぜしめんがためにするをもっての故に、安楽世界に生ずることを得しむ。（真聖全二、一一七頁）

入第二門とは、

阿弥陀仏を讃嘆し、名義に随順して如来の名を称せしめ、如来の光明智相に依りて修行せるをもっての故に、大会衆の数に入ることを得しむ。（真聖全二、一一七頁）

入第三門とは、

一心に専念し、作願して、かしこに生じて奢摩他寂静三昧の行を修するをもっての故に、蓮華蔵世界に入ることを得しむ。（真聖全二、一一八頁）

入第四門とは、

かの妙荘厳を専念し観察して、毘婆舎那を修せしむをもっての故に、かの所に到ることを得て、種種の法味の楽を受用せしむ。（真聖全二、一一八頁）

ここに還相の菩薩の、この世における具体的な利他行が見られるのである。

されば、この世において私たちが、阿弥陀仏に向かって礼拝していること、そのことが、還相の菩薩によって、かくせしめられていることになり、称名を称えること、そのこともまた、この菩薩の利他によるのである。私の信心は、まさしく私と共に阿弥陀仏を念じ、私をしてその智慧を得さしめた、還相の菩薩の廻向があればこそであって、獲信の念仏者のみが、よくこの大悲を感佩しうるのである。それは親鸞聖人が、往生された法然上人に、還相のすがたを見られたことによって明らかである。

他利利他の深義

「証巻」は、

宗師は大悲往還の廻向を顕示して、慇懃に他利利他の深義を弘宣したまえり。仰いで奉持すべし、ことに頂戴すべしと。（真聖全二、一一九頁）

という言葉で結ばれる。

ここに見られる「他利利他の深義」に関しては、今日一般的には次のように考えられている。曇鸞は『浄土論』の「自利利他」の「利他」に着眼し、上来、五念門の行も往還二廻向も我々衆生に属して解釈されたのを、一転して他力廻向とされた。それは利他という積極的な言葉は、決して罪濁の力弱き私どもの能くすべきものではない。それは弥陀の利他でなければならぬ。もし我々のするところであれば、「他利」といわねばならぬと（山辺・赤沼『教行信証講義』信証の巻、一〇七三頁）。すなわち還相の菩薩といえども、その功徳の一切は阿弥陀仏の願力の廻向によっているのであるから、阿弥陀仏の大悲往還の廻向に依らないものはないとの顕示が、曇鸞の「他利利他の深義」だと解しているのである。

だが、はたしてそれだけであろうか。曇鸞は確かに「覈求其本釈」において、

覈に其の本を求むれば、阿弥陀如来を増上縁とするなり。（真聖全一、三一六頁）

と、菩薩が五念門行を修し、自利利他の行を成就された根底に、阿弥陀仏の本願力がなければならないことを明かしている。その意味からすれば、純粋なる「利他」は、弥陀の本願力だけであって、一切の衆生は弥陀に利せられるのであるから、「他利」だと述べられた曇鸞の言葉には、まことに深い義があることは言うまでもない。けれども曇鸞は、だからといって菩薩の利他行を否定はしない。むしろ『論註』は、その菩薩の利他行こそが、真の仏道だと示すのであって、阿弥陀仏の本願力と、この善知識の善巧方便によって、凡夫ははじめて、

阿弥陀如来の方便荘厳真実清浄無量功徳の名号（「信巻」「逆謗摂取釈」の『論註』引文。第六問答の文。真聖全一、九九頁）

を聞き、真実の信心を得るのだと説くのである。されば菩薩の凡夫への利他行は、ただ阿弥陀仏の本願力を説くことにあるといえるから、阿弥陀仏の本願力を増上縁とする「他利」の菩薩のみが、実はよく「利他」の行をなしうるのである。

「他利利他の深義」とは何か。それは決して、阿弥陀仏の往還二廻向の功徳のみを意味しているの

ではない。衆生の往還の一切は、阿弥陀仏の願力の廻向による。したがって往生の決定には、私の力はまったく関与しない。もちろんそこに、一片の自利の求めもあってはならない。だが私たちは仏道に生きる者である。仏道とは菩薩道であり、菩薩道は利他行を除いてはありえない。法然上人や親鸞聖人は、愚悪なる凡夫である。にもかかわらず、この大乗の菩薩道を、力強く歩んでいるのである。この、凡夫にも開かれた真の仏道こそが、「他利利他の深義」でなければならない。今日の真宗者は、阿弥陀仏の大悲心にのみ関心が奪われ、法然上人や親鸞聖人の利他の実践を完全に見落としているのである。

（1）寺川俊昭「親鸞と蓮如―往生理解をめぐって―」『印度学仏教学研究』第四六巻第一号

親鸞の十念思想

与えられた課題

私が修士を出たのが昭和三十五年（一九六〇年）ですから、もう四十年前になります。そのときの修士論文の題目は「十念の研究」ということで、『無量寿経』の十念思想と曇鸞の十念思想を考えました。『無量寿経』の十念思想については、そのころすでに、仏教学的観点から、「梵本無量寿経」を参考にして、文献学的に研究がなされていまして、『無量寿経』の十念の「念」はcittaという梵語であって「願生心」であるという結論が出ていました。ところが曇鸞の十念思想になりますと、今度は文献学的な研究という観点が消えまして、江戸時代に大成された宗学なのですが、その江戸宗学の観点から、曇鸞の十念思想が考えられており、曇鸞の十念は観念が中心であるか、称念が中心であるか、といった研究が今日まで続いているのです。そこで私が修士論文で問題にした点は、曇鸞は今日の文献では、教理史的に一番最初に『無量寿経』の十念を捉え、そこに自らの解釈を施して、『浄土論註』で十念思想を論じているのです。曇鸞の十念思想が、文献に残っている一番最初の、『無量寿経』の十念の解釈なのです。そうしますと、ここで研究にとって最も重要なことは、『無量寿経』から曇鸞へという思想の流れに注意して、『無量寿経』の十念思想が曇鸞によって、どのように受け入れられたかを明らかにすることだといえます。そこでこの観点から私は、『無量寿経』の十念思想の「願生心」を、曇鸞がどのように受けとめたかを明らかにしようとしたのです。そしてその結論として、曇鸞の十念思想は『無量寿経』の十念思想と重なるのであって、聞名による願生心だということを修士論文で書いたのです。

このことは、指導教授が大原性実先生でしたのですが、一応認められまして、それなりの評価を受けたのです。ところで私たちの年代では、修士論文が終わってから、修士を終えるための最終試験があったのです。どのような試験かといいますと、修士論文の中心課題を指導教授が捉えまして、各人の論文の中心点をもう一度問うという試験なのです。各人の机に一人ひとりに封筒が用意されており、その中に自分に与えられた問題が入っているのです。私はもちろん論文が評価されていましたから、自信満々でその試験を受けに行ったのです。ところで、その封筒を開きますと、一言「十念誓意」と書かれていました。十念誓意というのは、宗学の安心論題の問題であって、私の修士論文とはまったく関係がないのですが、まあ、常識的に知っていなければならなかったのです。そこで困っていますと、指導教授の大原先生が、にこにこしながら来られまして、「君、書けるかね」といわれましたので、とても腹が立ったことを今もよく憶えています。そこで答案は書けなかったのですが、何とか書かなくては卒業できませんので、何とか書きまして、最後に「親鸞の十念思想は、『無量寿経』から曇鸞・道綽・善導そして法然へと受け継がれ、そこで確立されているのであるから、十念の教理史的研究を終えたあとに、この問題は解答したい」と書いて提出しました。

ところが最初はその十念の研究を完成させる予定だったのですが、途中で学園紛争が起こりまして、学生たちに「おまえの信心は何か」と問われましたので、十念の教理史的研究はそこで中止になり、『教行信証』の研究に移ったという次第で、やっと最近になって再び『無量寿経』の十念思想の教理史的展開を研究する機会を得ました。その十念思想を親鸞聖人がどのように受け入れられたかという、大原先生から与えられた課題を、最後になって、やっと解答する機会を得たという次第です。私の修士論文の最後の締めくくりが、ここでのテーマということになります。

本願の乃至十念

そこで「十念誓意」という、私にとってびっくりする問題が与えられたことになるのですが、これは阿弥陀仏が本願に十念の救いをお誓いになっている、その意図は何かということになります。この問題については、宗学ではすでに結論が出ています。どのように結論が出ているかといいますと、第十八願には阿弥陀仏のお心、至心・信楽・欲生という三つの心が誓われており、それに加えて「乃至十念」という語が添えられている。浄土真宗の往因の中心思想は、信心で往生するということですから、阿弥陀仏の三心の中に往生の因が求められる。これが「信心正因」ということです。本願の三心の中に、往生の因があるとされるのです。「乃至十念」という言葉は、その三心の次に出てきますので、十念誓意の論題は、往生の因を得たあとの称名には、ではどのような意義があるかが尋ねられることになるのです。「乃至十念」は、信心をいただいたあとの称名である。それであれば、この称名は当然、報恩の行であるということになります。そこで宗学で「十念誓意」といえば、信心正因・称名報恩の大前提をもとに、第十八願の十念は、報恩行であるということを論証するために、繰り返し繰り返し、みんなで考えているということになるのです。そこでこの一点を絶対に動かしてはならないというのが、この論題の意義です。信心正因・称名報恩が宗学の根本思想であって、これを動かすことのできないことを、この論題は教えている。親鸞聖人は涅槃の真因、すなわち私たちが仏になる根本因は、ただ信心にあるといわれています。したがって信心正因・称名報恩の義を、少しでも揺るがすことは、許されないのです。本願の「十念」は、称名報恩の義である。これが厳然たる宗義の根本である、と考えねばならないのです。

ただしここで重要なことは、信心正因・称名報恩という宗義は、親鸞聖人の思想全体の結論を指しているということです。親鸞聖人の教えの全体を、もし一言でいうとすれば、信心が往生の正因であるといって、別に間違いではないと思います。けれども信心正因という親鸞思想は、親鸞聖人の第十八願の解釈の全体ではないということを、はっきりつかんでおかねばなりません。親鸞聖人が第十八願を解釈しまして、この三心と十念は、信心正因・称名報恩であるとは、決して言われていないからです。そうしますと第十八願を、親鸞聖人はどのように解釈されたのかが、改めて問われなければならなくなる。本願の「十念誓願」と、信心正因・称名報恩の義とは、まったく別の問題になるのです。

そこで親鸞聖人は第十八願をどのように解釈されたのかが、ここでの中心の問題になります。

まず親鸞聖人が第十八願をどのように解釈されたかを、親鸞聖人の言葉を通して考えてみたく思います。親鸞聖人が第十八願、とくに乃至十念について直接説明されている部分は、それほど多くはありません。

①「乃至十念」とまふすは、如来のちかひの名号をとなえむことをすすめたまふに、遍数のさだまりなきほどをあらはし、時節をさだめざることを衆生にしらせむとおぼしめして、乃至のみことを十念のみなにそえてちかひたまへるなり。（『尊号真像銘文』真聖全二、五六〇頁、五七七頁）

②「称我名字」といふは、われ仏になれらむに、わがなをとなへられむとなり。「下至十声」といふは、名字をとなへられむこと、しも、とこゑせむものとなり。下至といふは十声にあまれるもの、一念二念聞名のものを往生にもらさずきらはぬことをあらはししめすとなり。（『尊号真像銘文』真聖全二、五六八頁、五八九頁）

③「乃至十念」とちかひたまへり。すでに十念とちかひたまへるにてしるべし。一念にかぎらずといふことを、いはむや乃至とちかひたまへり。称名の遍数さだまらずといふことを。この誓願はすなわち易往易行のみちをあらはし、大慈大悲のきわまりなきことをしめしたまふなり。（『一念多念文意』真聖全二、六一二頁）

④「乃至十念若不生者不取正覚」といふは、選択本願の文なり。この文のこころは、乃至十念のちかひの名号をとなへん人、もしわがくににむまれずば仏にならじとちかひたまへるなり。「乃

至」はかみしも、おほきすくなき、ちかきとをき、ひさしき、みなおさむることばなり。多念にこころをとどめ、一念にとどまるこころをやめんがために、未来の衆生をあはれみて、法蔵菩薩かねて願じましします御ちかひなり。(『唯信鈔文意』真聖全二、六三六頁、六五三頁)

⑤「…下至十声…」とまうすは、弥陀の本願には、下至といへるは、下は上に対して、ところまでの衆生かならず往生すべしとしらせたまへるなり。(『唯信鈔文意』真聖全二、六三七頁)

⑥「…下至十声…」とまふすは、弥陀の本願はところまでの衆生、みな往生すとしらせむとおぼして、十声とのたまへるなり。(『唯信鈔文意』真聖全二、六五四頁)

⑦弥陀の本願とまふすは、名号をとなへんものをば極楽へむかへんとちかはせたまひたる…。(『末灯鈔』真聖全二、六七二～六七三頁)

⑧弥陀の本弘誓願は、名号を称すること、下至十声聞等に及ぶまで、定で往生を得しむ……。(『教行信証』真聖全二、三四頁、五八頁)

ここに引用されている文で、ほぼ全部ではないかと考えられます。これが親鸞聖人の十念の解釈になるのです。それをざっと見ていただきたいのですが、この十念の解釈の中には、「報恩行」という言葉、もちろんその意味も出てこないのです。親鸞聖人は本願の十念を、報恩行の義に解釈されていない。真宗学では隠顕ということで、隠れた部分と顕れた部分があると説明しますから、隠れた部分としてその義をうかがいますと、あるいは報恩の意が出てくるかもしれませんが、文章表現のうえからは「報恩」という言葉は見られないし、その義も導き出せないのです。

ではどのように述べられているのか。ここで阿弥陀仏が本願に何を誓っているかが重要になります。「報恩行」ということは、私がどのような心で称名を称えるかということで、その称え方が報恩行としての念仏行になるのです。けれども弥陀の本願には、そのような衆生の称名の称え方など誓われていない。そうでなくて阿弥陀仏が何をなさろうとされているか、その願意が誓われているのです。その阿弥陀仏の願意こそ、念仏による救いになります。

この意が一番よく表現されている文章が、⑧のところを見ていただきたいのですが、これは『教行信証』の「行巻」と「信巻」とに引用されている文です。ここでは「弥陀の本弘誓願は、名号を称すること、下至十声聞等に及ぶまで、定めて往生を得しむ」という表現になっています。親鸞聖人は善導のこの文を、阿弥陀仏が名号を称える者を往生させるという意に捉えている。本願の全体を阿弥陀仏の行為性として、解釈しているのです。さらに⑦では、「弥陀の本願とまふすは、名号をとなへんものをば極楽へむかへんとちかはせたまひたる…」と述べられています。これは親鸞聖人のお手紙なのですが、この文もまた、弥陀の本願を阿弥陀仏の行為性として捉え、阿弥陀仏が衆生に対して何をしているかが示されます。阿弥陀仏が衆生に対して名号を称えさせて、その名号を称えた者を救うと誓われている。その働きとして「乃至十念」という言葉が出てくるのです。

そうすると「乃至十念」とは何かということになりますが、これは私が称える称名ということではなくて、阿弥陀仏が衆生を救うための阿弥陀仏の喚び声、まさに本願招喚の勅命として、阿弥陀仏から衆生に喚びかける声が、本願に「乃至十念」と誓われていると、親鸞聖人は捉えている。とくに

「十念」は阿弥陀仏の声なのです。その阿弥陀仏の十声の喚び声に、「乃至」という言葉が添えて誓われているのはなぜか。

「乃至」の誓いは何を意味するかが、次の問題になります。その意は、①の『尊号真像銘文』の文からうかがえます。この文によれば、「乃至」は人間のはからう心を否定する言葉になっています。阿弥陀仏はなぜ「十念」に「乃至」の語を添えて誓われているか。それは私たちの心は、称えるときに必ずはからいの心を抱くことになるからです。いつ、どのような場所で、称えればよいのか。どれだけの数を称えるべきか。それに声の大きさは。どのような心で称えれば…ということで、人間の側では、称えるときにどうしてもはからいを持つことになります。そのはからいの一切を否定している言葉が「乃至」なのです。いつでもどこでもよい。どのような声でも、どんな心でもいいのだとなりますと、この本願の誓いは、人間の心の状態をまったく問題にしないで、念仏を称えているその者をお救いになる、それが「十念」に「乃至」という語を添えて誓われた本願の心ということになります。

したがいまして、第十八願の「十念」だけを問題にしますと、阿弥陀仏が衆生を救おうとする願意が、言葉となって、阿弥陀仏から衆生に躍動してくる姿が、「乃至十念」ということになります。

本願の三心

そこで今度は、第十八願には十念のほかに三心が誓われている。それが至心・信楽・欲生という三つの心ですが、では、阿弥陀仏が本願に誓われている三心とはいかなる意味かということになります。このことについては、親鸞聖人はとても詳しく説明をなさっています。それが『教行信証』「信巻」の中心思想ともいうべき三一問答の、根本問題であって、至心・信楽・欲生という言葉の意義に関して、非常に詳しく説明されているのです。次の三つの文章が、本願の三心を説明しているところです。

①如来、清浄の真心をもって、円融無礙不可思議不可称不可説の至徳を成就したまえり。如来の至心をもって、諸有の一切煩悩悪業邪智の群生海に廻施したまえり。すなわちこれ利他の真心を彰す。ゆえに疑蓋雑わることなし。この至心はすなわちこれ至徳の尊号をその体とせるなり。（『教行信証』真聖全二、六〇頁）

②信楽というは、すなわちこれ如来の満足大悲円融無礙の信心海なり。このゆえに疑蓋間雑有ること無し。ゆえに信楽と名づく。すなわち利他廻向の至心をもって信楽の体とするなり。（『教行信証』真聖全二、六二頁）

③欲生というは、すなわちこれ如来諸有の群生を招喚したまうの勅命なり。すなわち真実の信楽をもって、欲生の体とするなり。（中略）利他真実の欲生心をもって、諸有海に廻施したまえり。欲生即是廻向心なり。これすなわち大悲心なるがゆえに、疑蓋雑わることなし。（『教行信証』真聖全二、六五～六六頁）

その他、『尊号真像銘文』の文でも、本願の三心が解釈されています。

「至心信楽」といふは、至心は真実とまふすなり。真実とまふすは如来の御ちかひの真実なるを至心とまふすなり。煩悩具足の衆生はもとより真実の心なし、清浄の心なし。濁悪邪見のゆへなり。信楽といふは、如来の本願真実にましますを、ふたごころなくふかく信じてうたがはざれば信楽とまふす也。この至心信楽は、すなわち十方の衆生をして、わが真実なる誓願を信楽すべしとすすめたまへる御ちかひの至心信楽也。凡夫自力のこころにはあらず。「欲生我国」といふは、他力の至心信楽のこころをもて安楽浄土にむまれむとおもへと也。（『尊号真像銘文』真聖全二、五七七頁）

ところで、この三心とは何かということになるのですが、この三心もまた親鸞聖人は、阿弥陀仏が衆生を救うために発起された心であると解釈されているのです。読みますと、①に「如来、清浄の真心をもって、円融無礙不可思議不可称不可説の至徳を成就したまえり。如来の至心をもって、諸有の一切煩悩悪業邪智の群生海に廻施したまえり。すなわちこれ利他の真心を彰す。ゆえに疑蓋雑わることなし。この至心はすなわちこれ至徳の尊号をその体とせるなり」と述べられています。この場合「至心」とは、如来の真実心を意味します。親鸞聖人の場合、本願の至心は如来の真実心だということで、統一されています。阿弥陀仏が衆生を救うために真実心を起こされているのです。この点を『無量寿経』では、法蔵菩薩が無限の時間をかけて、その真実心を成就すると説かれているのですが、阿弥陀仏が衆生を救うために、その真実心を衆生の心にあらわされるのです。けれどもそのとき、至心という心は、姿がありませんから、至心そのものは衆生には見えません。そこでその真実心があらわれた姿が、名号になるのです。したがいまして、南無阿弥陀仏という名号を私が称えているということは、阿弥陀仏が自らの真実心をこの私の心にあらわしたということになるのです。だから至心とは、阿弥陀仏の真実心であり、同時にその心のはたらきそのものなのです。本願の三心の中の「至心」は、阿弥陀仏の真実心のはたらきだと解されます。

それに対しまして、信楽の意が②に説かれます。では信楽とは何か。ここも文をそのまま読めば、「すなわちこれ如来の満足大悲円融無礙の信心海なり」と述べられていますから、信楽そのものがまた、阿弥陀仏の心になります。だからこそ、この心は疑蓋が雑わることがないのです。その疑蓋が雑わることのない心を「信楽」と名づけるのです。そして「利他廻向の至心をもって信楽の体とす」と表現されます。南無阿弥陀仏という称名は、阿弥陀仏の真実心の躍動のすがたなのですが、その阿弥陀仏の真実心こそが、阿弥陀仏ご自身の喜びの心、悟りの心である。とすれば、その満足大悲円融無礙の信心海が、そのまま南無阿弥陀仏になります。そこで弥陀の大悲心が衆生の心を破って、衆生の心に充ち満ちている事態が、私たちの南無阿弥陀仏を称えている姿になるのです。

③の欲生も同じです。ここでは「如来諸有の群生を招喚したまうの勅命」と述べられ、「すなわち真実の信楽をもって、欲生の体とする」と説かれていますから、如来の喜び、信楽がそのまま阿弥陀仏の喚び声だと、親鸞聖人は捉えられている。したがって至心・信楽・欲生の三心は全て阿弥陀仏の心であって、阿弥陀仏が衆生を救おうとしている本願が、南無阿弥陀仏であり、至心・信楽・欲生という心になるのです。だからこの願心には、疑蓋が雑わらないのです。

ところで、この「疑蓋無雑」という言葉を今日、真宗学ではどのように解釈しているかといいますと、衆生が阿弥陀仏の心を疑いなく信じる心だと解釈している。まったく逆なのです。そういうことを親鸞聖人は言っていない。「疑蓋無雑」の「疑蓋」とは、煩悩のことです。疑いの心があたかも蓋のごとく真実を覆っているということで、煩悩の意に解せばよいのです。凡夫は臨終の一念まで煩悩を持っているのですが、その心の中に阿弥陀仏の心が徹入してくる。阿弥陀仏の大悲心が一切の障害を破って、私たち凡夫の心の中に入ってくる。これが南無阿弥陀仏です。したがって、阿弥陀仏の大悲心は、念仏する凡夫の煩悩をまったく問題にせず、煩悩の心の中で光り輝いているということが、「疑蓋無雑」という言葉の意味になるのです。だから「疑蓋無雑」を人間の心として解釈してしまいますと、親鸞聖人の意図と大きくズレることになります。「疑蓋無雑」とは阿弥陀仏の至心・信楽・欲生の心であって、その心が人間の心を破る。人間の心に汚されないといいますか、人間の煩悩のために輝きを失わない、いかなる煩悩をも問題にしないで輝いている、阿弥陀仏の輝きを示しているのです。そうしますと、第十八願に誓われている三心と十念は、いずれも阿弥陀仏の心であり、阿弥陀仏の言葉である。これが親鸞聖人の第十八願の解釈だといえるのではないかと思います。

そこで問題になるのは、私たち浄土真宗の者が、第十八願をどのように捉えているかということになります。第十八願は、私が往生するための願である。もちろん私もそうですし、おそらく皆さん方もそうだと思うのですが、第十八願はまさに私たち自身の往生の正因を示す願なのです。そこで私たちは、私の往因願として、私の側から第十八願を捉えているのですが、親鸞聖人はそうではなく、それを逆転させて、第十八願を阿弥陀仏が私を往生せしめる願と捉えられるのです。私たちは、私が往生する願と捉えているのですが、親鸞聖人の第十八願の解釈は、至心も信楽も欲生も、そして乃至十念までも阿弥陀仏の側で捉えまして、阿弥陀仏の大悲心の働きそのものとして、第十八願の願意が説かれるのです。そこで、そのような見方からすれば、第十八願の全体が、救いの道理の必然性といいますか、必ず衆生がそのようになるという、その必然の道理を親鸞聖人は阿弥陀仏の側から見られていることになるのです。

④至心信楽の本願の文、『大経』に言わく。「設我得仏、十方の衆生、心を至し信楽して我が国に生れんと欲うて乃至十念せん。若不生者、不取正覚、唯除五逆誹謗正法」。（『教行信証』、真聖全二、四八～四九頁）

⑤『無量寿如来会』に言わく。「（中略）諸の有情の類、我が名を聞き、己れが所有の善根心心に廻向せしむ。我が国に生れんと願じて乃至十念せん……」。（『教行信証』真聖全二、四九頁）

④と⑤は、『無量寿経』と『如来会』の第十八願の文なのですが、そこでこの「心を至し信楽して我が国に生ぜんと欲うて乃至十念せん」という衆生の姿を、衆生が必ずそのような心になるという阿弥陀仏の願意として親鸞聖人は受けとめられた、そのように考えるべきだと思うのです。そういうことからしますと、親鸞聖人の第十八願の解釈は、阿弥陀仏の大悲心の躍動を常に阿弥陀仏の側から見られている。この点を見落としてはならないということになります。

ここで私自身の問題になるのですが、親鸞思想に関しまして、私の考えと従来の真宗学の考え方とに違いが生じている。その原因が何によるかは、今日まで私自身にもあまりはっきりわからなかったのです。

親鸞思想と宗学

今日は十二月十一日です。三か月前は九月十一日ですね。この九月十一日は、アメリカでテロが起こった日です。そのとき私は、アメリカにおりました。カリフォルニアのバークレーにある仏教大学院で、「親鸞の信の構造」という講題で、親鸞聖人の思想を講義する日が九月十一日であったのです。九月の十一日・十三日・十八日の三日間で三回の予定で、親鸞聖人の信の構造について講義をすることになっていました。三回ですから、講義内容を三つに分けて、一日目は親鸞聖人が信心を得るまでに、どのような道を求めたかを、二日目は親鸞聖人に信を得しめた働きを、そして三日目は親鸞聖人が得た信心の内実について講義する予定を立てていました。講義時間は、いずれも三時間で、通訳していただくことになりますから、実際は半分なのですが、そのうちの一時間は質問の時間になっていました。

第一日目の講義は、親鸞聖人の獲信の過程についてです。これは皆さんもご存じのことで、親鸞聖人はまず第十九願の行を求められました。けれども、その行が破綻してしまう。そこで次に、第二十願の行を求めることになるのですが、この行もまた最終的に行ぜられなくなる。結局、一切の行と信とに破れて、とぼとぼと法然上人の草庵を訪ねることになります。ここまでが獲信に至る親鸞聖人の求道の過程になります。そこで第一日目は、親鸞聖人はいかにして信を得ることができなかったかを講義したことになります。まず最初に、親鸞聖人が真実の心を求めて、なぜその心を得ることができなかったのか、ということですので、第一日目は「化巻」の問題になっています。それに対して、第二日目は「行巻」の問題になります。親鸞聖人に信を得しめたのは、法然上人の働きである。法然上人の説法なのだということです。どうしようもない人間に対して、信を得た者が、教えの真実を伝えるということがあって初めて、本当の教えが、まだ迷っている者の心に伝わるのです。すでに知っている者が知らない者に対して、法を伝えるのであって、知っている者からの働きによって、法が伝わるということを第二日目に話したのです。そしてその者の行、ここでは法然上人の説法になるのですが、その説法の中で明かされている行が、阿弥陀仏の選択本願の行であるということを話したのです。

一回目においても、二回目のときも、質問がありました。そのときに何を質問されたかということですが、まず浄土真宗の信心とは何かということを質問されました。それから信心を得るためにはどうしたらよいのかという質問になり、続いて信心を得た人の心の状態、さらには信心の喜びとはどのような心か、という質問に展開するのです。一回目の場合は、それは三回目の講義の内容である、ということで軽く流していたのですが、二回目もまた同じ内容の質問が多いのです。ここで私の講義の意図と、聴講されている方がたの心にズレが生じていることに気づきました。二回目の質問の場合も、それは三回目の問題だということで、まあそれはそれで終わったのです。そこで、なぜこのような考え方のズレが生じるのか、ということになります。それがテロ事件と関係してきます。

十三日に二回目が終わりまして、十四日に近くのオークランドの仏教会で講演をし、それから三日間ロスアンゼルスへ飛び、ロスの別院で開教使の方に浄土真宗の話をし、またバークレーへ戻って、第三回目の講義をする予定だったのです。ところがテロ事件で飛行機が飛ばなくなり、突然ロス行きが中止になりました。そこで皆さんが気をつかってくれまして、三日間レンタカーを借りて案内してやるということで、第一日目、楽しく案内してもらったのですが、よく考えてみますと、このような時間の空白を得ることは滅多にありません。日本では絶対に考えられない贅沢な時間を得たことになります。空白になったら空白になったままで、あとはまったく仕事がないのです。そこで案内していただくことを遠慮しまして、二日間ホテルの部屋に閉じこもることにしました。晩ご飯はご馳走してもらったのですが、九時から五時まで、お昼はパンを買ってきて、ただぼんやりホテルで過ごしたのです。

このとき、ズレの問題がわかってきたのです。それは、第十八願の捉え方の違いになるのです。その違いは、アメリカでも日本でも、まったく同じになります。真宗学において、私たちは何をしているかといいますと、お互い例外なく自分の信心を探しているのです。真宗教義の根本は、全て信心の問題なのです。「自力の信心がいかん!」ということで、いかにして自力の信心を自分の心から除くかというのが、問題になっています。どうすれば真実の信心が得られるかを、一生懸命に求めるわけです。それから信心の喜びを語ります。私はこんなに信心を喜んでいる。他力の信心を得なさい、信心を喜びなさいと説かれるのです。したがって、質問になりますと、信心を得たならどのような喜びになりますか、ということになるのです。あるいは、信心のあり方が問われます。信心を得た人はどのような生活を送るのですか。それから信心を得ている人間の心の状態を質問するのです。全てが信心探しになるのです。それはアメリカでも日本でも、僧侶も在家もみな同じことをしているように思われます。

ここで「行巻」の称名を問題にします。「行巻」は、

謹んで往相の廻向を按ずるに、大行あり、大信あり。大行とは、すなわち無礙光如来の名を称するなり。（真聖全二、五頁）

の文に始まります。往相廻向の行とは、阿弥陀仏が私たちを救うために廻向される行の意です。私たちを往生せしめるために、阿弥陀仏が私たちに行を廻向するのです。それを往相廻向の大行というのですが、その往相廻向の大行とは何かが、今問題になっています。このことについて親鸞聖人は、それは無礙光如来の名を称えることだと、いっておられるのです。いったい、阿弥陀仏が我々を往生させるために、どのような働きをしているかということで、これがつまり阿弥陀仏の大行の問題になります。この大行を親鸞聖人は、私たちに対して念仏としてあらわれると捉えられる。私たちが称えている念仏がまさに、阿弥陀仏の大行だと解されるのです。「南無阿弥陀仏」という念仏は、阿弥陀仏が私を往生せしめる行であって、念仏を称えているそこに、阿弥陀仏の働きがある。これが「行巻」の冒頭の文の意味ですが、この言葉こそ、釈尊の私たちに対する説法の内実になります。諸仏称名の行として、釈尊が私たちに、「あなたが今称えている南無阿弥陀仏は、阿弥陀仏の声であって、その

念仏があなたを往生せしめる大行である」と語られているのです。それで、この称名を私たち衆生の行為として捉えますと、親鸞聖人が「信巻」の大信海釈の中で述べられている「行にあらず善にあらず（中略）多念にあらず一念にあらず」（真聖全二、六八頁）ということになります。『歎異抄』でも同じことがいわれています。その念仏とか信心は、行者にとっては非行・非善である。行でもないし、善でもないと表現されるのです。なぜならこの大行は、阿弥陀仏の救いの働きを意味しているのですから、この行を人間の行為性として捉えることは、絶対にしてはならないのです。

ところが真宗教学では、この大行としての称名を、人間の行為性の中で捉えているのです。もちろん、この称名を名号と解して法体大行だと捉えるのですが、同時に称えている自分をも問題にするのです。「行巻」の最初の称名を、阿弥陀仏から廻向されたという大行だと捉える。それはそれでいいのですが、その称名を自分の行為として見ますと、ただちにこの念仏は信心をいただいた念仏でなければならないと力んでしまう。だから宗学では、「行巻」の最初からすでに絶対に動かさざる義として、信心正因・称名報恩が説かれることになります。

ここで冷静に考えていただきたいのです。親鸞聖人はこれから自分の著述を通して人びとに、浄土真宗とは何かを語ろうとしています。これが『教行信証』という書物です。その『教行信証』は、最初に「総序」があって、それから「教巻」「行巻」「信巻」「証巻」「真仏土巻」と続き、最後に「化身土巻」があり、「後序」で結ばれます。その全体で浄土真宗とは何かを教えられているのです。そして、その全体の思想を一言で要約すれば、信心正因・称名報恩であると、蓮如上人が述べられている。

したがって親鸞聖人が『教行信証』の全体で、信心正因・称名報恩を語っているという義については、何ら反論する必要はなく、その通りであると考えていいと思うのです。ところが「教巻」の冒頭の「謹んで浄土真宗を按ずるに、二種の廻向あり」（真聖全二、二頁）の文から以下、「化巻」の結びの文まで、その全ての一つ一つの文について、これは信心正因・称名報恩の意だといっても、それはあまり意味はありません。そこで「行巻」の最初の称名の問題になります。

大行とは、すなわち無礙光如来の名を称するなり。（真聖全二、五頁）

この称名を宗学では、信心正因・称名報恩だというのですが、はたして親鸞聖人がここで、そのようなことを言っておられるのかどうか。大行の意を明かそうとしている親鸞聖人の意図が、それでは消されてしまいます。『教行信証』の根本義が、信心正因・称名報恩であるからといって、最初の一行から最後の一行までの全てを、信心正因・称名報恩の義で解釈しなければならない。常にこの義を語らないといかんというような考え方は、やはりおかしいと言うべきです。となりますと、親鸞聖人は「行巻」の行で何を語り、「信巻」の信で何を語っているのか、その心を私たちは明確に捉えなければなりません。

たとえば、桐渓順忍先生がよく言われているのですが、この「行巻」の称名ですが、大行というものは自分の念仏ではない、阿弥陀仏からくるのだ、だから称えている念仏は自分のものではなく向こうからくるという意味で、「聞き側にまわる念仏」という表現をされるのです。南無阿弥陀仏、この声は阿弥陀仏のほうからきている。その阿弥陀仏からくる念仏の心を聞くことが重要だと述べられるのです。

ところが「聞く」という行為は、信一念の問題であって、「行巻」の行の問題ではないのです。信一念で「聞く」ということが、親鸞聖人において重要な問題になる。ではなぜ信一念のときに、「聞く」ということが成り立つのか。

ここで『教行信証』の信一念までの思想の流れに注目しなければなりません。親鸞聖人は「行巻」でまず、大行とは何かを説明して、それが七高僧によってどのように伝えられたかという、思想の展開を明らかにします。その中で、ことに六字の名号の意義を、さらに一声の称名の無限の功徳などが説かれているのです。続いて「信巻」においては、至心・信楽・欲生を本願の心だと見て、その阿弥陀仏の大悲心の内実が、非常に深い理念を通して詳述されます。その一切を聞くことが仏願の生起本末を聞くことであり、その聞いた瞬間が信の一念になるのです。そうだとしますと、本願の真実が本当にわかった者が、念仏の真実を聞いたことになるのです。

したがって、「聞き側にまわる」としましても、自分にとって『観無量寿経』が一番正しいと思っている者は、いかにその名号を一心に聞いたとしても、それは『観無量寿経』の教えとしてしか聞こえない。『阿弥陀経』の教えが一番よいと思っている者にとっては、やはり南無阿弥陀仏は『阿弥陀経』に説かれている念仏としてしか聞こえないのです。聖道門の人は、この南無阿弥陀仏を、この世における悟りのための道であると、聞くことになるのです。したがって、聞き側にまわるその「聞」は、その人間の立場でしか聞けないとしますと、聞き側にまわる人の全てに、第十八願の名号が聞こえてくるとはいえなくなります。としますと、念仏の真実を「聞く」ということは、第十八願の名号を聞くことができる状態の中でしか聞くことができないのです。心が聞くことのできる状態になって初めて、聞けるのだということを、親鸞聖人は信一念釈の中で説き、信心正因の義がここで明らかにされることになるのです。そうだとしますと、この信一念釈まで、信心正因・称名報恩ということは語る必要はない。獲信のときまでは、南無阿弥陀仏は報恩の念仏ではなくて、大行の念仏であって、その念仏の真実が明らかにされているのです。

たとえば一つのよい例が、『末灯鈔』に見られる信の一念と行の一念の関係です。

信の一念・行の一念ふたつなれども、信をはなれたる行もなし。行の一念をはなれたる信の一念もなし。そのゆへは、行と申は本願の名号をひとこゑとなえて、わうじやうすと申ことをきゝて、ひとこゑをもとなへ、もしは十念をもせんは行なり。この御ちかひをきゝて、うたがふこゝろのすこしもなきを信の一念と申せば、信と行とふたつときけども、行をひとこゑするときゝてうたがはねば、行をはなれたる信はなしときゝて候。又信はなれたる行なしとおぼしめすべし。これみなみだの御ちかひと申ことをこゝろうべし。行と信とは御ちかひを申なり。（真聖全二、六七二頁）

信の一念と行の一念は、二つの事柄を指しているが、「信をはなれたる行もなし。行の一念をはなれたる信の一念もなし」ということで、ここはまさに信の一念と行の一念が、どのように関わるかという問題になっています。そこで信の一念と行の一念の関係になるのですが、ここではその両者がいかに離れないかが説明されるのです。まず「そのゆへは」ということで、以下が、行の一念と信の一念とが離れて存在しない理由の説明になります。そこで次の言葉、「行と申は」に注目していただきたい。「行と申は」という文は、この行の終わりの「十念をもせんは行なり」までかかりますから、「行と申は」から「行なり」までが、行の説明、この全体が行だということになります。

そこで信の一念・行の一念の関係になるのですが、実はこの両者の関係の全体が、行とは何かの説明になっているのです。いったい行とは何か。それは「本願の名号を一声称えて、往生すともうすことをきて、一声をもとなえ、もしは十念をもせん」ことで、この全体の行為を行というのです。したがって「行」とは、阿弥陀仏の本願のはたらきであり、私たちは念仏することになる。そしてその「名号を称えよ」という弥陀の声を聞いて、私たちは念仏することになる。一声名号を称えよという勅命で、その一念ですから、一声念仏せよ、という声を聞き信じて、一声念仏するその全体がまさしく阿弥陀仏の行の働きによってなさしめられていることになります。だから衆生の信の一念も行の一念も、全て阿弥陀仏の働きによることになるのですが、ここで重要なのは、その働きの根源にある、「一声名号を称えて往生せよ」という、弥陀の言葉としての、行の一念になります。私たちが一声名号を称えるということは、その勅命を信じて称える一声になるからです。だからこそ、行の一念・信の一念の全体が阿弥陀仏の働きとして示される。行も信も阿弥陀仏の働きだということになるのです。

ところが今日私たちは、その行信の関係を人間の側から捉えてしまっている。宗学の「十念誓意」「行の一念」がそうですが、そこでここの文もまた信心正因・称名報恩の義で解してしまうのです。

けれどもここでは、そのようなことは言っていません。行の一念と信の一念、これらは二つであるが、離さないという。離さないとは、名号を一声称えよ、往生すという声を聞くということですから、私たちが阿弥陀仏の本願の勅命を聞くその瞬間に、阿弥陀仏の大行と私の心とが離れないで、成立しているということです。信じてから念仏を称えるということは、これは必然の道理ですから、そんなところに不離を考える必要はありません。

浄土真宗では「信心正因・称名報恩」を説いて、真実の信心を得た者は、必ず報恩の称名を称えよと、信心と名号との不離を強調し、一生懸命その道理を説法するのですが、それはある意味では無意味なことです。たとえば、信心をいただいたという人がいて、もし名号を称えないのなら、それは、まだ信心をいただいていないだけのことだからです。信心をいただけば、必然的に名号は称えられるのです。だから重要なことは、阿弥陀仏の名号を信じることであり、阿弥陀仏の働きを私がいかに聞くかということになる。だからこそ、行と信とは、離れては成立しないのです。

教義として西本願寺の場合は、法体大行の義を非常に大切にします。法の全体を阿弥陀仏の働きで解釈するのです。ところが、そのように解釈しながら、しかもその阿弥陀仏の働きを、私が称えるというところで捉えてしまう。だから行信の問題が非常に観念論的になってしまう。私がここにいて、向こうにある阿弥陀仏を常に眺めている。阿弥陀仏が本願を起こし、名号という法体大行によって、私をお救いになる。私たちは、その信ぜしめ行ぜしめている阿弥陀仏の本願を喜び、報恩の念仏を称える。このように、行信の問題が客観的に、静的に捉えられているといえるのではないかと思います。

この念仏と信心の詳細な検討は別の機会にゆずり、ここではその関係を、図を通して説明させていただきます。

親鸞の獲信の構造

横の軸が過去から未来への流れを示します。そこで「今」という時点を押さえていただきます。そしてこの「今」に、親鸞聖人の獲信の世界を重ねていただきます。親鸞聖人が、阿弥陀仏の本願と出遇った。それが「今」という時点です。この時点で、親鸞聖人の心は、それ以前の自分とそれ以後の自分とに、はっきり分かれます。

これは『愚禿鈔』の思想ですが、

本願を信受するは前念命終なり。

即得往生は後念即生なり。（真聖全二、四六〇頁）

と、善導の「前念命終、後念即生」という言葉を解釈して、獲信以前の心と獲信以後の心とをはっきり分け、本願の真実を聞き、信受するということは、今までの迷いの心の一切が破れ、その自分の命が終わることを意味する。そこでそのとき、浄土に生まれるという、まったく新しい信を得た喜びの心になるといわれるのです。

図の「今」の縦の軸を中心に、獲信以前と獲信以後の姿は、まるっきり変わってしまうのです。

獲信の構造

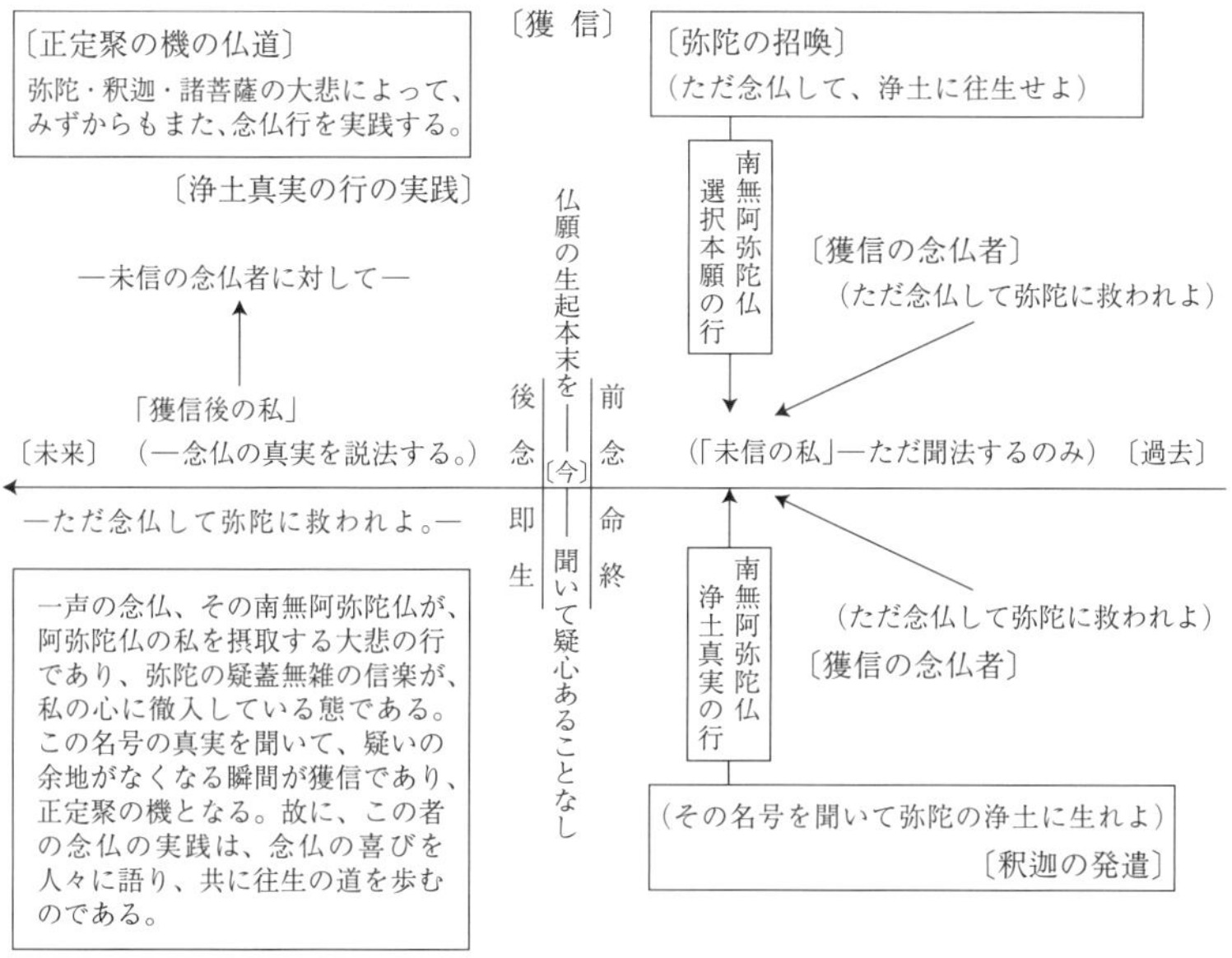
〔獲　信〕
〔正定聚の機の仏道〕
弥陀・釈迦・諸菩薩の大悲によって、みずからもまた、念仏行を実践する。
〔浄土真実の行の実践〕
〔弥陀の招喚〕
（ただ念仏して、浄土に往生せよ）
南無阿弥陀仏
選択本願の行
仏願の生起本末を――〔今〕――聞いて疑心あることなし
―未信の念仏者に対して―
「獲信後の私」
〔未来〕（―念仏の真実を説法する。）
―ただ念仏して弥陀に救われよ。―
後念即生
前念命終
〔獲信の念仏者〕
（ただ念仏して弥陀に救われよ）
（「未信の私」―ただ聞法するのみ）〔過去〕
南無阿弥陀仏
浄土真実の行
（ただ念仏して弥陀に救われよ）
〔獲信の念仏者〕
一声の念仏、その南無阿弥陀仏が、阿弥陀仏の私を摂取する大悲の行であり、弥陀の疑蓋無雑の信楽が、私の心に徹入している態である。この名号の真実を聞いて、疑いの余地がなくなる瞬間が獲信であり、正定聚の機となる。故に、この者の念仏の実践は、念仏の喜びを人々に語り、共に往生の道を歩むのである。
（その名号を聞いて弥陀の浄土に生れよ）
〔釈迦の発遣〕

そこでまず、獲信以後の念仏者は、どのような念仏道を歩むかを問題にします。この念仏者は、すでに阿弥陀仏の本願の心を獲得している。今、本願に出遇っているということは、阿弥陀仏の本願が、自分の心に充ち満ちているという真理をすでに聞いたということだからです。だから獲信後の親鸞聖人は、阿弥陀仏の心に満たされた親鸞聖人になる。この獲信者の姿を、親鸞聖人は「正定聚の機」と呼ぶのです。そしてその信心を獲得した者は、その瞬間に十種の大きなご利益を獲ると述べられます。

次の文を見てください。

金剛の真心を獲得すれば、横に五趣八難の道を超え、必ず現生に十種の益を獲。何ものか十とする。一には冥衆護持の益、二には至徳具足の益、三には転悪成善の益、四には諸仏護念の益、五には諸仏称讃の益、六には心光常護の益、七には心多歓喜の益、八には知恩報徳の益、九には常行大悲の益、十には正定聚に入る益なり。（真聖全二、七二頁）

この中、ことに重要なのが最後の三つでして、第八の知恩報徳、第九の常行大悲、第十の入正定聚、この三つのご利益を獲るのです。三つの中では、「知恩報徳」が根本で、恩を知ることがとても重要になります。

ここで縦軸に注意してください。獲信とは、「仏願の生起本末を聞く」ことなのです。その聞く内容は、私を救うために阿弥陀仏がどのような願いを起こされたかです。発願の根源は、まず無上仏である真如そのものが動いて法蔵と名のり、兆載永劫の行を修して、阿弥陀仏となる。真如が阿弥陀仏になるということは、南無阿弥陀仏という名号となって、私の心に飛び込んでくることですが、救いの法である名号の真実を教えるために、釈尊が悟りを開き、「ただ念仏して弥陀の浄土に生まれよ」という教法を、私のために説法してくれている。迷える私を救うための、弥陀・釈迦の大悲心が今まさに私の心に徹入していることを、はっきりつかむことが、「仏願の生起本末を聞く」ということになるのです。聞くことによって私たちは初めて、自分一人のために宇宙の全体が動いているという、無限の恩を知ることになるのです。無限の恩を知りますと、ここに必然的に、その恩に報いるという心が生まれます。この点を、ことに重要視する必要があると思います。

では報恩行は、だれがなしうるのでしょうか。報恩行は、信心の行者しかすることができないのです。したがって信を得ていない者にとっては、報恩の行は存在しないのです。信を得た者のみが、よく報恩行をなしうるのです。では、その報恩行とは何か。獲信の念仏者は今、この私を救うために、宇宙の全体が動き南無阿弥陀仏となった、その真理を聞いている。阿弥陀仏の大悲そのものの中で、私が生かされているという真実を今、つかんでいるのです。獲信の喜びとは、その名号の功徳を喜ぶことですから、報恩の行とは、その喜び、いただいた名号の功徳を直ちに、他に伝えることになります。

その直ちに伝える行の実践が「常行大悲」です。念仏を伝えることとは、獲信の念仏者だけが、よくなしうるのです。なぜなら獲信の念仏者は、自分が念仏を喜ぶ身となった、その恩をまさしく知り、知るがゆえに、その瞬間から、受けた恩、念仏の法門を無限に他に伝えるという「常行大悲」が行われるからです。だから報恩行と常行大悲の行とは、実は同じことなのです。この常行大悲の実践者が、まさに正定聚の位に住している者の姿になるのです。この意味から、獲信者は何をするかということになりますが、それはただ未信の方に対して念仏の真実を説き続けるということになります。念仏の真実を説き続けるという実践が、信を得た者の姿になるのです。

そこで次に、では信をまだ得ていない者は、どのような姿をしているかが問題になります。そこで、図の「前念命終、後念即生」に至るまでの、「未信の私」のところに目を移してください。

この未信の私の姿には、「報恩行」は成り立ちません。なぜなら自分は今、往生するために一心に念仏を行じているのですが、その心は迷いでしかない。だから、いかに一生懸命念仏を称えても、そこには自分の往生する道は開かれていないのです。したがって、この称えている念仏は、報恩の念仏ではないし、往生のための念仏でもない。けれどもこの念仏者は今、一心に南無阿弥陀仏を称えている。未信者にとって、ではこの念仏は何を意味するのか。いったい阿弥陀仏は、この未信の者に対して、どのような願いを持っておられるかを考えればよいのではないでしょうか。

ここでやはり、阿弥陀仏の大悲心が問われねばなりません。阿弥陀仏は常に、未信の者に対して、救うために働かれています。阿弥陀仏から未信者に動く。その躍動の姿が南無阿弥陀仏という名号なのであって、未信者の称名がそのまま、念仏を称えて救われよという阿弥陀仏の願いであり、阿弥陀仏の側から喚ばれている声となるのです。本願招喚の勅命です。阿弥陀仏からの喚び声なのです。

阿弥陀仏は、その喚び声の中で、「ただ念仏して浄土に生まれよ」と未信者に願われている。けれども悲しいことに、未信者はこの阿弥陀仏の声を、直に聞くことができないのです。そこで阿弥陀仏の喚び声を、釈尊の説法を通して聞くことになるのです。阿弥陀仏の喚び声は、釈尊の説法によって、私たちの心に届くのです。これが弥陀の招喚に対する、釈迦の発遣です。

そこで大行とは、阿弥陀仏が衆生を往生せしめる働きで、「大行とは、すなわち無礙光如来の名を称するなり」（真聖全二、五頁）といわれるのですが、この言葉の意味は、念仏は弥陀廻向の大行であると同時に、名号を聞いて浄土に生まれよと勧められている釈尊の大悲の行でもあるのです。

そういうことからしますと、第十八願の全体は、阿弥陀仏の動きであって、「乃至十念」は選択本願の行になります。本願の「乃至十念」は、まさに阿弥陀仏からくる選択本願の行なのですが、この選択本願の行こそが、衆生の浄土に生まれる唯一の行だということは、私たちにとってはただ、釈尊の説法によってのみ明らかになるのです。そこで釈尊の説法が、浄土真実の行になるのです。南無阿弥陀仏は選択本願の行であって、第十八願の働きです。それに対して、弥陀の声を聞いて往生せよというのは、釈尊の勧めであって、第十七願の行となります。ただし、その南無阿弥陀仏は、釈尊の説法を通してのみ、私たちに来るのです。

ところで愚かな人間は、弥陀の招喚と釈迦の発遣という二つの大悲の中で、念仏の教えを聞かされるのですが、愚かな私たちは、その念仏をそのごとく、仏の声としては聞くことができないのです。どうしても、私が称えている行と解してしまう。ただし、念仏を我が行として捉えるかぎり、いかに念仏行に励んでも、私の心は清浄になりませんし、往生の確かさは得られません。そこで一心の念仏行が、かえってこの私を苦悩のどん底に落し入れることになるのです。結局この者は、行に破れ、信に破れて、苦しむのみでどうすることもできなくなるのですが、このときもし、この私と同じ苦しみを持ちながら、しかもその苦しみを超える、念仏の喜びを得ている念仏者に出遇うことができれば、どうでしょうか。必ずその獲信の念仏者は、苦しむ私と同じ次元に立って、念仏の真実を語ってくれることになるのではないでしょうか。これが親鸞聖人にとっての、法然上人との出遇いになるのです。

私たちは自分と同じ立場に立って、念仏の真実を語ってくれる、そのような縁に遇うということが、いまひとつ必要となるのです。そういうことからしますと、未信の念仏者には、報恩の行はもちろんないのですが、仏になる行もない。そこでこの者にとって、仏になる可能性は、私と同レベルで語られる獲信者の念仏の教えをただ聞くのみということになります。この方が善知識なのです。

だからこそ未信の者にとっては、ただ聞法のみになるのですが、その聞法する者が、弥陀の声を聞き、釈迦の声を聞きうるのは、善知識の教えを通してのみになります。私たちにとっての善知識は、七高僧であり、親鸞聖人です。そこでその教えを、そのごとく聞くことが重要になるのです。その中で自分という人間が、いかに愚かな人間であって、阿弥陀仏の本願しかないということが、初めてわかってくるのです。そしてその本願の真理のわかった瞬間が、「仏願の生起本末を聞いて、疑心あることなし」という心になるのです。

図の右側が未信の姿です。その未信者が善知識に育てられて、今という時点に重なる。それが「仏願の生起本末を聞いた」瞬間ですが、そこでまったく新しい自分に生まれ変わります。自らが獲信の念仏者になるのです。その念仏者の道が「常行大悲」の実践です。ここに親鸞聖人の信の思想の特徴があるのです。未信の場合は、阿弥陀仏の大行を聞き続けるのですが、獲信の瞬間からは、その阿弥陀仏の大行を語り続ける。そしてこの念仏者の全体が常に阿弥陀仏の大悲の躍動の中で、生かされているということです。

このように見れば、浄土真宗の念仏と信心は、常に動的に躍動しているといわねばなりません。ところが、今日の私たちの宗学はそうではなくて、まず自分の信心の状態を作ってしまうのです。自分の真実の信心の姿を描いて、その心を静止させてしまう。そしてそれから何をするかといいますと、その真実信心の心をもって、向こうから来たる阿弥陀仏の法をいただくことになります。そこで初めて、いただいた喜びの心で念仏を称える。これが称名報恩の念仏ですが、その報恩とは、ただ喜んで、そこで終わりになっています。ところで、未信の念仏者は、不実の心しか持っていません。とすれば、この者は真実の心で念仏をいただくことはできず、真実の念仏は未信者には、絶対に称えることはできません。

このように見ますと、宗学の信心と念仏の関係は逆であって、不実の心に念仏の真実が来たる。その法の道理を信知することが、信心だと解さなければなりません。だからこそ獲信の念仏者は、獲信後、その念仏の真実を語り続けることになる。それが報恩の念仏です。したがって、静的な清浄なる心で、嬉しい嬉しいと念仏を喜んでいる暇は、獲信の念仏者にはない。そこに非常に動的な親鸞聖人の獲信の構造が見られると思います。

大乗菩薩道

そこで、浄土真宗の一番の特徴は何かという問題です。

ここをもって論主は、広大無礙の一心を宣布して、あまねく雑染堪忍の群萠を開化す。宗師は大悲往還の廻向を顕示して、慇懃に他利利他の深義を弘宣したまえり。（真聖全二、一一八〜一一九頁）

これは『教行信証』「証巻」の最後に出てくる言葉で、「他利利他の深義」の意義についてです。「他利利他の深義」というのは、浄土真宗の仏道の全てだと考えていただければと思います。ここで親鸞聖人は何を言おうとしているのか。浄土真宗の菩薩道を示されているのです。仏道とは菩薩道であって、菩薩道以外に仏道はないのです。では、菩薩道とは何か。それは、自利利他の実践であって、自利利他の行道以外に、菩薩道は存在しないのです。

それに対して、浄土真宗の菩薩道とは何かが、今問題になっています。なぜなら浄土真宗では、自利の実践は成り立たないから、愚かな凡夫には、自身が一心に行道に励んで仏果に至る道は存在しないのです。私たちが仏果に至る全ては、阿弥陀仏の本願力によります。この道理を私の立場から考えますと、「他利」になります。他の力によって、私が利せられる。他の力、阿弥陀仏の働きによって私たちは、信を得るのです。この道理を阿弥陀仏の側からいいますと、「利他」になります。

他を救うのは、阿弥陀仏の働きです。それを人間の側から見ますと、他が私を救うことになるのです。だから浄土真宗における凡夫の仏道は、「他利」しかないのです。他から仏への法がくるのです。それゆえに凡夫は、その教えを聞法するのみになるのです。浄土真宗の仏道は、なぜ聞法のみなのか。私の仏道である本願の力が、他からくるから聞法しかないのです。

ところが、その「他利」を領受した人は、その瞬間に「利他」にならなければならないのです。他から念仏をいただき、その念仏を他に施す。ここに浄土真宗の仏道があるのです。自利利他でなくて、他利利他になるのです。それが浄土真宗の教えの深さなのです。

浄土真宗の教えの最も深い点は何か。自らの証果において、他利利他の深義がはっきりとわかるということです。「真実証」とは、自己の全体で阿弥陀仏の本願の真実が明らかになることです。だからこそ獲信の念仏者は、その証果の真実、念仏のこころを、他に語ることができるのです。

ところで、菩薩道としての「利他」の条件は、自分の心に利己心を持ってはならないということです。それがまさに、凡夫の利他行を困難にしているのですが、念仏を語る心には、利己心は必要ありません。自分自身に何の損も得もないから、ただ念仏の素晴らしさを語ることができるのです。

念仏の喜びを語る場合は、自分の心をまったく問題にしないで、念仏の真実のみを語ることができます。愚かな人間はろくな心しか持っていません。そこで他人の難儀を救うような場合は、つい調子にのって、「私はよいことをした」と思ってしまいます。けれども、お互い念仏を喜び合っても、そこには何の力みも生まれません。何のわだかまりもなく、何の利己心も持たないで、愚かな凡夫が淡々と、念仏の真実を語ることができます。

しかも、この実践こそが浄土真宗の菩薩道だとすれば、凡夫がまさしく行ぜられる仏道は、ただ念仏のみになります。

浄土真宗の念仏者が唯一、大乗の菩薩道を歩むことができるのです。そのような念仏の道を私たちは、親鸞聖人から教えられている。これが「乃至十念」の結論になります。

つまるところ、一声、「南無阿弥陀仏」を称える。その念仏が阿弥陀仏の私を摂取する大行です。そしてその念仏こそ、弥陀の大悲・疑蓋無雑の信楽が、私の心に徹入しているすがたです。この名号の真実を聞いて、疑いの余地がなくなる瞬間が、私の獲信であって、このとき私は正定聚の機になります。

釈尊は、この真理を説法するのですが、獲信の念仏者もまた、この念仏の喜びを人びとに語り、共に往生の道を歩むのです。

講演・初出一覧

「念仏に生きる」『設立五十周年記念　徳本』二〇〇二年九月、財団法人津徳本会

「なぜいま念仏か―呪縛からの解放を求めて―」『なぜいま念仏か』岡亮二教授還暦記念講演集、一九九三年一一月、永田文昌堂

「名ばかりの僧」『りゅうこくブックス』No.九六、二〇〇二年一月、龍谷大学宗教部

「生きることと死ぬこと」『りゅうこくブックス』No.一〇二、二〇〇三年五月、龍谷大学宗教部

「親鸞聖人の他力思想」『日曜講演集』第二三集、二〇〇四年四月、武蔵野大学

「親鸞浄土教の特徴」平成一一年度公開講演「法然上人の浄土教を総合的に考える」、仏教大学四条センター、二〇〇〇年二月二三日講演

「親鸞にみる往生浄土の思想」『仏教文化研究』第四五号、二〇〇一年三月、浄土宗教学院

「親鸞に見る往相と還相の廻向行」『印度学仏教学研究』第四八巻第一号（通巻第九五号）、一九九九年一二月、日本印度学仏教学会

「親鸞の十念思想」『真宗学』一〇七号、二〇〇三年一月、龍谷大学真宗学会

岡　亮二（おか　りょうじ）

1933年和歌山県に生まれる。
1958年龍谷大学文学部卒業（真宗学専攻）
2002年龍谷大学を定年退職。
現在　龍谷大学名誉教授（文学博士）
著書　『親鸞の信と念仏』（永田文昌堂）
『親鸞の念仏思想』（永田文昌堂）
『親鸞の教えと現代』（永田文昌堂）
『教行信証行巻の研究—第十七願の解明』（永田文昌堂）
『教行信証口述50講』第１巻～第４巻（教育新潮社）
その他多数

親鸞の念仏

二〇〇五年一一月　一日　初版第一刷発行
二〇〇六年　四　月三〇日　初版第二刷発行

著　者　岡　亮二
発行者　西村七兵衛
発行所　株式会社　法藏館
京都市下京区正面通烏丸東入
郵便番号　六〇〇-八一五三
電話　〇七五-三四三-〇〇三〇（編集）
〇七五-三四三-五六五六（営業）

印刷　立生株式会社・製本　新日本製本株式会社

ISBN 4-8318-7694-1 C3015